LINA NE MENT JAMAIS

DE LA MÊME AUTRICE

Le Cimetière des baleines, Le Nouveau Pont, 2020.
Memphis rebelle. Sur la route, avec les fantômes de l'Amérique, Denoël, 2022.

GÉRALDINE RUIZ

LINA NE MENT JAMAIS

La journaliste et la voyante de Brocéliande

julliard

Conception graphique de la couverture : Valérie Gautier

ISBN : 978-2-260-05626-3
Éditions Julliard – 31, rue Étienne Marcel 75001 Paris

L'autrice de ce livre a bénéficié du dispositif d'aide à l'écriture de la Région Nouvelle-Aquitaine, dans le cadre du contrat de filière Livre, ainsi que du soutien de l'association Pour Que l'Esprit Vive via l'accueil en résidence longue à l'abbaye de la Prée. À ce titre, l'autrice tient à remercier Magalie Nadaud et Michel Christolhomme pour la générosité dont ils font preuve à l'égard des artistes.

Ce récit relate des faits et des évènements réels. Toutefois, des noms et des éléments ont été modifiés pour préserver l'anonymat de certains protagonistes et favoriser la fluidité du récit.

« Je dis qu'il faut être voyant, se faire voyant.
Le poète se fait voyant par un long, immense et *raisonné* dérèglement de tous les sens. »

Arthur Rimbaud, Lettre à Paul Demeny, 1871.

Avant de rencontrer Lina, un après-midi d'automne de l'an 2019, dans la forêt de Brocéliande, j'étais indifférente à l'ésotérisme, à Dieu, à la sorcellerie. Si j'y étais confrontée, lors d'un séjour à l'étranger, je taxais l'expérience d'exotique. Lire un horoscope me paraissait farfelu. Je ne connaissais du tarot que le jeu à cinq avec appel au roi. J'associais les voyants à Jésus : des mystiques en sandalettes. J'avais grandi dans une famille de scientifiques qui m'avaient très tôt enseigné la notion de rationalité. J'étais devenue journaliste et rien ne comptait plus pour moi que les faits et la vérité.

Je suis pourtant allée frapper à la porte de Lina de mon plein gré. La fascination a été telle que je l'ai vue et revue, jusqu'à devenir presque dépendante de ses prédictions.

Je l'ai rencontrée via des amies déjà adeptes de ses tarots. C'est en nous observant, toutes surdiplômées en proie à l'incertitude, doutant de tout, nous faire conter l'avenir à Brocéliande par une petite vieille qui, elle, ne doutait de rien, que j'ai eu envie d'écrire cette histoire.

Elle se fait appeler Lina mais son prénom, c'est Jeannick. Elle est blonde aux yeux bleus, elle a soixante-douze ans. Elle reçoit ses clients dans sa chambre d'amis. Elle en comptait huit cents à la fin des années 1990. Aujourd'hui, je ne sais pas, peut-être cent ou deux cents. Son heure de gloire est passée mais son téléphone sonne encore avec régularité. Sa clientèle débarque avec des problèmes d'argent, de sexe, de sentiments. Tous ont toujours une bonne raison de venir la consulter. Le hasard seul ne mène pas chez une cartomancienne.

En 2017, mon amie Célestine, alors en quête d'un compagnon, a été la pionnière des séances à Brocéliande parmi notre groupe d'amies.

Mon téléphone cesse enfin de vibrer et affiche un appel en absence de Célestine, suivi d'un message vocal. Je détourne les yeux et fixe le mur. J'ai les jambes écartées. La lumière est d'un blanc criard. Je suis nue, une femme entre les jambes. J'ai hâte qu'elle en finisse : j'ai froid. Mon frottis annuel est réalisé en vingt secondes par une quadragénaire en blouse blanche.

Je lui confie en me rhabillant que je ne supporte plus la pilule.

Elle me répond du tac au tac :

— C'est parce que vous voulez être mère.

Sa phrase me scotche tellement que je me demande si elle n'a pas raison. Je souris, désarmée.

Trompée par l'expression de mon visage, elle enchaîne :

— J'ai vu juste, n'est-ce pas ?

Je dodeline de la tête, de plus en plus troublée. La gynécologue semble ravie. Une grossesse est sans doute plus intéressante à suivre que les bilans sanguins, l'anémie, les maladies sexuellement transmissibles, les capotes qui craquent, les rapports douloureux, la sécheresse vaginale, l'absence d'orgasme, les kystes aux seins et aux trompes, le cancer de l'utérus. Une grossesse, c'est bien, ça change, c'est joyeux.

— Votre compagnon est prêt ?

Mon sourire s'élargit à l'évocation de ce dernier.

— Je crois.

— Tant mieux, c'est le bon moment pour essayer, après trente-cinq ans ce sera encore possible, mais on tombera dans le gériatrique.

Le mot rebondit sur son bureau, prend son élan et me saute à la tronche.

Gériatrique.

J'ai trente ans et, soudain, je suis vieille.

Elle me prescrit du fer et des vitamines. Je la sens satisfaite. Pour une fois, je suis allée dans son sens. C'est plutôt agréable de se fondre dans le moule. Une douce euphorie me berce, j'en oublierais presque que je suis célibataire et que je lui mens pour préserver sa bonne humeur (et parce qu'elle me fait peur). Une prochaine fois, peut-être, je lui raconterai ma rupture et elle l'inscrira dans mon dossier, la mine agacée. Je l'entends déjà maugréer : « Encore une qui va me faire suer à vouloir tomber enceinte à quarante ans. »

Je quitte son bureau, tangue dans le couloir. Je m'assois dans la cage d'escalier. Je reste cinq minutes dans le passage. Je gêne les patientes qui défilent. Je m'en fiche.

Je cherche mon téléphone pour écouter le message que Célestine m'a laissé.

« J'ai un truc à te raconter. Tu vas rire. J'ai rencontré une voyante dans la forêt de Brocéliande ! Lina, elle s'appelle Lina. Faut que t'ailles la voir, elle va te plaire. Elle est tellement, comment dire, tellement brute de décoffrage. (Célestine rit.) En plus, c'est grâce à toi que je l'ai trouvée. Je dis grâce à toi mais c'est peut-être à cause de toi, qui sait si je sortirai indemne de l'expérience... Dans tous les cas, vous êtes liées. (Elle rit encore plus fort.) Je suis en train de t'envoyer un mail avec ses coordonnées et un article de presse que j'ai trouvé en ligne. C'est une bonne histoire pour toi, la journaliste. Avec Lina, tu tiens un sujet, je t'assure. Tu viens quand à Rennes ? Je t'attends ! Rappelle-moi. »

Une voyante dans la forêt de Brocéliande ? Elle débloque complètement. Je secoue la tête et révise mon jugement : au point où nous en sommes, après tout, pourquoi pas ? Si Célestine pète un plomb, je lui trouverai mille excuses. La trentaine est une période périlleuse, tant les cases à cocher en un temps record sont nombreuses. Les défis semblent parfois insurmontables. Comme faire un enfant, avant trente-cinq ans, sans compagnon attitré.

Célestine. Trente ans. Célibataire. Athée. En couple pendant sept ans, séparation en fin de vingtaine. Traîne sur des sites de rencontres pour trouver l'âme sœur. Lors des rencards foireux, distribue des cartes de visite pour rentabiliser le temps perdu. Sans cesse stressée par le manque d'argent, situation typique des freelances. Pourtant, elle mène sa barque malgré les tempêtes. Avant l'indépendance, elle travaillait dans une grande entreprise et passait ses journées sous le nez de ses collègues dans un open space. Les places étaient sans cesse menacées par le jeu des chaises musicales. Il n'y en avait pas assez pour tous les salariés. La règle était d'arriver en premier pour obtenir le privilège d'un bureau. Et les retardataires ? Je ne sais pas : Célestine ne s'attarde pas sur le sort des losers.

Célestine a fait montre de volonté, de sérieux et de docilité. L'employée modèle qui donnait des coups de pédale pour se maintenir en tête du peloton. J'ai toujours eu de l'admiration pour les individus qui encaissaient la pression sans moufter, jusqu'au jour où j'ai compris que ce n'était pas moins douloureux pour eux, simplement ils le cachaient mieux que les autres. L'abnégation de Célestine avait des limites. Arrivée au sommet, elle s'est écroulée. Les lumières se sont éteintes d'un coup d'un seul. Son corps, le traître, l'a lâchée. Se lever lui est devenu de plus en plus pénible. Elle a eu la tentation de s'apaiser à coups d'anxiolytiques. Elle était encore lucide : seule la distance avec son lieu de travail lui serait bénéfique. Elle a tout plaqué et a passé l'année suivante en rase campagne à lire des livres de développement personnel et à pratiquer la méditation. Elle s'est mise à employer le jargon psychologisant : « Je suis un zèbre hypersensible atypique à haut potentiel, la proie des pervers narcissiques. » Elle voyait des zèbres partout, « toi aussi, t'en es un, je t'assure ».

Lentement, Célestine a repris des forces. Un jour, une évidence l'a percutée : « Plus jamais de patron. » Elle deviendrait son propre tyran en montant sa boîte. Sa décision était à la mode. Nous étions nombreux à vouloir créer le cadre dans lequel nous souhaitions évoluer.

D'une certaine manière, consulter une voyante est la suite logique : le quotidien de Célestine est rempli d'incertitude.

Il faut que je pense à lui dire d'éviter sa gynécologue. Celle-ci pourrait l'achever. Rater sa carrière, Célestine s'en remettra, en revanche, rater sa maternité, je crains qu'elle ne s'accable jusqu'à la ménopause.

Je n'attends pas d'être arrivée chez moi pour ouvrir le mail de Célestine. Le lien me renvoie à un article sur un site d'informations locales. Le visage de Lina s'affiche en grand. Elle est assise derrière une table où s'étalent sept jeux de cartes. En arrière-plan, une tapisserie avec des poissons rouges et un cadre de lit. Le titre est accrocheur : « Ce que je prédis se réalise. » Je lis en diagonale son « don de naissance » et son « désir d'aider les gens ». Mon cerveau est barricadé. Je suis imperméable aux mots. Je vais directement au dernier paragraphe qui restitue les prédictions de la voyante pour l'année 2016 : « Comme tous les ans, il y aura des bonnes et des mauvaises choses. Le pauvre restera pauvre et le riche restera riche. Il y aura de plus en plus d'inondations… C'est la planète à l'envers. » Elle prend peu de risques.

Six ans plus tard, je retrouverai sur une étagère de ma bibliothèque la version papier de cet article. Cadeau de Lina. Elle l'a découpé dans le journal le jour de sa parution et conservé avec d'autres dans le tiroir d'une commode. Je le retirerai avec soin de sa pochette plastifiée. Il en émanera une odeur de rose synthétique. J'essaierai de me rappeler si, dans la pièce de neuf mètres carrés où elle recevait ses consultants et entassait les preuves médiatiques de sa longue carrière, la présence d'un pot-pourri m'aurait échappé. Cette interrogation de détail trottera longtemps dans mon esprit. Entretemps, Lina aura déménagé. Je ne retrouverai jamais ce parfum. Pour une raison que j'ignore, j'en serai attristée. Je lirai l'article avec plus d'attention, comme si je le découvrais pour la première fois. Le mépris que j'avais ressenti à la fois pour le sujet, la presse locale, les questions de la journaliste et les réponses de Lina m'aura quittée. La voyante sera devenue une figure familière dont je ne me méfierai plus et je retrouverai dans ces lignes la femme que j'aurai appris à apprécier. Avec le recul, l'article me paraîtra même bon.

Mais, pour l'heure, je suis atterrée. Comment, sur la base de cet article maigrelet, Célestine a-t-elle pu courir chez Lina ? Et soi-disant à cause de moi ? L'influence qu'elle m'attribue est aussi étonnante qu'incongrue. Je n'ai jamais été une adepte de la divination.

J'ai rencontré trois voyants dans ma vie.

Le premier était lillois. La semaine, j'étudiais le journalisme, à lille ; le week-end, je pigeais pour une radio. Nous étions le 12 décembre 2012, 12/12/12 ; quelle pouvait être la spécificité d'une telle date ? La question serait posée en fin de journal et il nous fallait un voyant pour y répondre. La consultation des pages jaunes n'ayant rien donné, je misais sur le bouche-à-oreille. J'arpentais les vieilles rues du centre-ville et alpaguais les passants à qui je demandais l'adresse d'un médium, d'un astrologue, d'un cartomancien, n'importe qui susceptible d'avoir un avis à livrer à mon micro. Oui, non, peut-être, je connais vaguement quelqu'un, il y a un type pas loin. Mon enquête sauvage a porté ses fruits rapidement. Je ne m'en suis pas étonnée. En moins d'une heure, j'étais en bas d'un immeuble. Une tête s'est penchée par la fenêtre. Celle d'un homme qui semblait m'attendre. « Montez au quatrième étage. » J'ai grimpé les escaliers et pénétré dans un studio de danse. L'homme était assis derrière un bureau. Il avait une voix majestueuse, très grave, profonde, une voix pour le cinéma ou les planches. « Justement, j'ai été comédien », m'a-t-il répondu. « Et vous êtes voyant ? » Sa réponse a été floue. Ou bien, elle m'importait si peu que je ne l'ai pas écoutée. Il acceptait de se prêter au jeu, le reste, je m'en fichais.

Alors le 12/12/12, ça dit quoi ? Pas grand-chose, en vrai. Mais il a trouvé quelque chose à dire et je lui en étais reconnaissante. J'avais une prise de son audible. J'étais prête à partir quand il m'a fait signe de patienter. Ses doigts d'une finesse incroyable ont pointé dans ma direction. Il avait dû sentir (je suppute) que je n'étais pas croyante, que tout cela n'était qu'un divertissement à mes yeux. Pour raviver mon intérêt, il s'est mis à conter mon avenir.

« Vous arriverez à vos fins, vous êtes acharnée. Vous vivrez à l'étranger. L'homme dont vous êtes amoureuse est loin. Ce n'est pas grave, la distance n'empêche pas d'aimer. Vous ne partirez pas tout de suite en voyage. D'abord, vous gagnerez un concours. Vous travaillerez puis vous partirez. »

L'homme m'a dévisagée avant d'ajouter d'un ton calme et ferme : « Quand on veut, on peut. » Traduction : nul besoin d'être agressive. Sa démonstration m'a parlé. Elle n'avait rien d'ésotérique. Il venait d'esquisser le portrait type de l'étudiant ambitieux. Le coup était facile. Mon comportement était lisible. Ne l'avais-je pas abordé depuis le trottoir, avant de grimper les escaliers en courant et d'entrer en trombe dans son studio ?

La deuxième voyante était indonésienne. Je l'ai rencontrée lors d'un voyage à Bali. C'était la voisine d'un tenancier de café, un veuf parisien expatrié depuis quinze ans et remarié à une femme de l'île. Le prénom de cet homme m'échappe mais pas la sympathie que je lui portais. Il livrait au comptoir toutes sortes d'anecdotes sur l'île ravagée par le tourisme, le dollar et les promoteurs immobiliers. Parfois, il évoquait la France, pays de malheurs, qu'il résumait à la perte de sa femme et à la faillite de son imprimerie. L'amertume reste longtemps en bouche.

J'appréciais l'expression sans pudeur de ses sentiments et c'est avec naturel qu'il m'a confié sa relation avec une voyante parisienne dont le nom était selon lui « célèbre ». Mon ignorance l'a surpris. J'ai haussé les épaules et, de fil en aiguille, nous avons parlé de sa voisine balinaise qui lisait les cartes. « Il paraît qu'elle est douée. » Il ne s'était pas prêté au jeu. « Plus besoin. » Sa vie était de nouveau sur des rails.

Nous parlions de divination avec détachement : l'île des dieux est une machine à produire des sorciers.

— Appelle ta voisine, je veux la voir, lui ai-je dit un matin.

La curiosité m'avait gagnée.

L'arrivée de la jeune femme dans le café a provoqué un tollé parmi les clients expatriés, de vieux roublards fumeurs invétérés à la peau grise, blasés été comme hiver, en banlieue ou sous les tropiques et sceptiques par principe.

On ne la leur fait pas à eux, ah ça non, ils sont nés pour débusquer l'arnaque, où qu'elle soit, des feuilles d'impôts aux tickets de caisse. La voyante ne pouvait pas se faufiler à travers les mailles du filet. Les cartes, c'est de la manipulation pour les nuls, le degré zéro de la rouerie. Leur jugement était implacable. Il y a bien eu quelques voix pour les contrer d'un « moi j'y crois », en vain.

— Elle est balinaise ! ai-je lancé.

Sujet verbe complément, ma phrase était censée tout justifier. Je ne faisais que me plier aux rites locaux.

Le tenancier m'a désigné les escaliers derrière le comptoir d'un air complice.

— Vous serez plus tranquilles là-haut. Personne n'y monte. L'étage est condamné.

Cette femme avait mon âge. Elle portait des lunettes et écrivait un ouvrage sur je ne sais quel sujet. Sans jamais se départir de son sourire, elle a entamé un rituel : brûler de l'encens, déplier un tapis fait de tissus colorés, sortir les cartes d'une pochette, battre le jeu, me le faire couper, tirer une carte et interpréter. Elle m'a prédit une série d'évènements qu'elle a corroborés avec les lignes de ma main gauche. Je ferais un voyage rocambolesque aux États-Unis avant de revenir en Asie où j'avais un petit ami. Notre relation ne durerait pas. « Ce n'est pas le bon. » Je rentrerais seule en France. « Ne sors plus avec ton portefeuille, tu es fauchée. »

Un an plus tard, de passage à Bali, je l'ai retrouvée

dans le café du Parisien, au premier étage toujours inoccupé, les grincheux toujours sous nos pieds. Je venais de rompre. Ça me faisait plaisir de la revoir. Je traversais une période d'errance, j'avais besoin d'être rassurée. Ce qu'elle a fait : au bout d'un long tunnel d'emmerdes, il y aura la lumière.

La troisième voyante sera Lina.

À la question « comment ai-je pu te pousser à la voyance ? », Célestine a répondu :

— Sur le GR20, entre deux sandwichs, tu m'as raconté la femme en Indonésie qui t'avait tiré les cartes et qui ne s'était pas plantée.

— Elle était balinaise !

Peu importe. Célestine a trouvé sa voyante, celle qui cotonne ses plaies et, durant les mois qui suivent leur rencontre, elles se voient régulièrement. Célestine me raconte par bribes les prédictions et leurs conséquences.

Lina lui promet une histoire d'amour avec un garçon dont la maison sera dotée d'une cheminée. En conséquence, Célestine se désintéresse de tous les hommes qui vivent dans un logement dépourvu d'âtre.

Célestine lui montre le portrait de son nouvel amant. Lina sort de ses gonds, une cliente lui a montré la même photo trois jours plus tôt. Sans la moindre hésitation, Célestine coupe tout contact avec lui.

Quand elle me parle de Lina, Célestine est toujours

hilare, moqueuse, un peu vague aussi. Elle cache ce qui la touche, ce qu'elle vient chercher, ce qu'elle veut entendre. Je ne la force pas à parler. Je ne comprends qu'à moitié ce qui se trame. Mais je la connais suffisamment pour savoir qu'elle a un plan en tête. Cette femme sert ses intérêts, d'une manière ou d'une autre. Je décide de ne pas m'en mêler. Quand l'image d'une vieille dame traverse mon esprit, je l'ignore. Je déforme le portrait de Lina, que j'ai pourtant vu dans l'article que Célestine m'a envoyé, mon esprit la dénature et l'imagine lugubre, habillée de noir. Je l'entends, c'est une mauvaise langue. Une vipère persiflante. Le cliché de la sorcière. Faute d'intérêt de ma part, Célestine se confie moins à son sujet, je classe l'affaire et n'y songe plus.

L'année suivante, en 2018, deux évènements presque concomitants me rapprochent un peu plus sûrement de ma rencontre avec Lina.

D'abord, Mado.

Copine d'enfance de Célestine mais aussi mon amie depuis quinze ans. Trente et un ans. Parisienne d'origine bretonne. Chanteuse lyrique de formation, elle a peiné à s'installer dans un chœur d'opéra. Elle s'est sentie malmenée par le processus de sélection. Peu à peu, elle a abandonné. Aujourd'hui, elle multiplie les petits boulots, prenant toujours soin de préciser que c'est « temporaire ». Mado passe deux heures par jour dans le RER pour relier son appartement au siège d'une entreprise de télécoms où elle occupe le poste d'assistante. Elle se plaint souvent du directeur dont elle tient l'agenda, « un gros con », mais elle serre les dents : il lui a fait signer un contrat à durée indéterminée. Mado en a profité pour acheter un deux-pièces dans le nord-est de Paris avec son nouveau jules.

Elle me raconte leur coup de foudre un après-midi en terrasse qu'elle résume en un mot : « l'amour ».

Dans quelques années, elle se demandera si elle n'a jamais été amoureuse. « Je ne me rappelle pas, tu t'en souviens, toi ? » Je secouerai la tête : « Pas vraiment. »

La vitesse avec laquelle ils officialisent leur histoire me dépasse. PACS, achat de logement, emménagement, tout ça moins d'un an après leur rencontre. L'urgence m'interroge. Serait-ce l'envie de montrer qu'elle aussi est casée, comme tout le monde ? Je peux la comprendre, Mado. Le couple est une institution pour les trentenaires, malgré les tentatives actuelles – et minoritaires – de réinvention des modèles familiaux. Rien dans notre société ne remporte une telle ferveur, à l'exception de la maternité. Ne pas se plier aux règles sociales reste un acte de rébellion et Mado, par son célibat, s'est longtemps sentie mise à l'écart.

De là à conclure qu'elle a fini par se caser avec le premier venu en priant pour que ça le fasse, il n'y a qu'un pas. Mado se démène pour avancer en rythme. C'est une bonne élève.

Mais voilà que, dans la précipitation, elle rate une marche.

Huit mois après avoir déballé ses cartons et dépensé plusieurs centaines d'euros en appareils « stylés » de petit électroménager, elle m'annonce sa séparation au téléphone. Je suis prise de court : Mado s'est repliée sur sa vie de couple, je n'ai reçu que peu de nouvelles ces derniers temps.

Je vais squatter son nouveau canapé avant qu'elle

ne le brade sur internet. Nous sommes en tête à tête. Le jules a emballé ses vinyles et sa platine pour trouver refuge chez un ami.

— Quel est le problème ?

— Il va voir ailleurs.

— T'as des preuves ?

Je me sens gonflée de l'amener à se justifier. Si un homme, avec qui j'entretiens une relation et dont je suis amoureuse, me trompe, je le sais, sans même qu'il l'avoue. Intuition, sixième sens, ou simple observation. Soudain, il appelle moins, se justifie, cherche des poux dans la relation. Le rapport des corps change, les gestes affectueux se raréfient. Le langage se standardise. Le visage se pare d'un masque. Le regard se fait vague et sombre. S'il nie, je déraille. La trahison se situe davantage dans cette négation que dans l'adultère.

Démentir une certitude peut rendre fou. L'illustration la plus criante – la première qui me vient à l'esprit mais je suis sûre qu'en creusant j'en trouverais à la pelle – c'est l'affaire Betty Broderick. Ce fait divers, qui a ému l'Amérique entière à la fin des années 1980, a inspiré une série télévisée.

Une femme, Betty, tue son ex-mari et sa nouvelle épouse. Ce qui la pousse au meurtre, ce n'est ni la débâcle de son mariage, ni le domicile déserté, ni l'âge de sa rivale, ni la division des biens, ce qui pousse Betty au meurtre, c'est le dénigrement de ce qu'elle affirme. Son ex nie l'avoir trompée alors qu'ils étaient encore mariés. Il nie pour des motifs financiers. Avouer l'adultère lui porterait préjudice lors du divorce. Jusqu'au bout, il contrecarre ce que Betty affirme. Elle le sent, elle le sait : il ment. Lui joue les offusqués et la juge insensée. Elle, ne lâche rien, devient rageuse. Peu à peu, son entourage se détourne d'elle. Betty est gênante : ressasser est la marque des ratés.

Une fois le divorce prononcé, il emménage avec sa secrétaire, tout en continuant de nier. Pourquoi ? C'est incompréhensible. Il aurait pu lui donner raison après tout, le temps avait passé et son procès était gagné. Mais non. Il s'entête à la traiter de folle. Ce qu'elle devient. Folle.

Betty disjoncte. Et les tue.

Lors de son procès, un psychiatre appelé à la barre affirme que si le mari avait consenti à dire la vérité, ils seraient, lui et sa compagne, probablement toujours en vie.

L'analyse du psychiatre m'a marquée, tout comme la vague de soutien populaire en faveur de la coupable. Betty Broderick a reçu des milliers de lettres de soutien. De nombreuses personnes ne comprenaient que trop bien les rouages psychiques de son dérapage. Déceler une vérité et se faire rembarrer par l'être qui en détient la preuve peut être insupportable.

Mado n'a pas eu besoin de menacer son concubin pour faire taire l'angoisse sourde qui s'était emparée d'elle alors que leur couple commençait à battre de l'aile. De passage à Rennes pour se « mettre au vert et y voir plus clair », elle a croisé Célestine. Les bons tuyaux se refilent, et Mado a fini chez la voyante dans la forêt de Brocéliande.

— Lina a tout vu.

— Lina ?

— Oui, Lina.

Elle esquisse son premier sourire de la soirée.

— Faut que t'ailles la voir, elle va te plaire.

Je grimace.

Elle reprend :

— Je sais, c'est pas ton truc, mais crois-moi, Lina, c'est un personnage. Elle est drôle, très drôle. Elle parle d'une manière franche. Elle tranche.

— Avec quoi ?

— Tout ça.

Elle fait un geste de la main pour englober la pièce. J'inspecte son salon aux murs crème, sa cuisine ouverte, son foutu grille-pain à cent trente euros dont la teinte est assortie à la faïence. C'est dommage de vendre, il est canon cet appartement. Mado pince les lèvres, agacée, je ne comprends rien ou fais semblant. Elle précise :

— Elle tranche avec Paris.

Paris, symbole des apparences, de la bienséance et de la bien-pensance.

Mado reprend son récit. J'ai envie de fumer une cigarette à la fenêtre, je n'ose pas salir les lieux d'une fumée grise, je m'abstiens en l'écoutant.

— Lina est différente, dans son jus. Elle m'a bluffée, elle a bluffé tout le monde, même mon père, pourtant lui aussi, tu sais, il est très rationnel, mais il a été forcé d'admettre qu'elle avait un certain talent. C'est lui qui m'a conduite à Brocéliande. (Mado n'a pas son permis.) J'étais dans un état, je n'arrêtais pas de pleurer, une loque. Je ne t'en ai pas parlé, je suis désolée, je me voilais la face pour que ça marche. Mais je savais depuis le début que…

Une heure plus tard, j'ai fumé deux cigarettes, Mado ferme la parenthèse et revient à la voyante.

— Elle a tout vu. Je suis arrivée chez elle, on s'est installées dans sa chambre d'amis. La première carte que j'ai tirée, c'était le valet de pique, elle m'a dit : « Ah un chien de pique, vous êtes en couple avec un chien de pique. »

Mado me regarde d'un air entendu sauf que, à part le bref aperçu que j'en ai eu à Bali, je ne pratique pas la cartomancie et n'en maîtrise pas le jargon. D'ailleurs, elle aussi était néophyte avant sa visite à Brocéliande. Subitement, à l'entendre, le chien de pique serait devenu une espèce aussi répandue que le labrador ou le caniche.

Je me sens obligée de réclamer une définition, Mado peine à me la fournir, comme si l'expression « chien de pique » se suffisait à elle-même. Elle cherche ses mots avant de décréter qu'il s'agit d'un homme peu fiable. Elle poursuit. Je résume : la voyante lui aurait dit qu'ils allaient rompre et qu'il serait en route pour avoir une discussion. « Sèche tes larmes, ce n'est pas le bon, vous n'avez rien à faire ensemble. Il aime trop la picole et draguer les filles. » Lina avait repéré dans les cartes le cœur d'artichaut trop immature pour résister à la tentation. Mado est sortie complètement sonnée de la séance. Elle a saisi son téléphone, son jules l'a appelée à ce moment-là ou c'est elle qui l'a appelé. Il était en gare de Montparnasse, prêt à monter dans un train pour la rejoindre en Bretagne. « Faut qu'on parle », a-t-il glissé. Mado a répondu : « Si c'est pour rompre, pas besoin de te déplacer. » Il est resté sur le quai, le train est parti sans lui. L'histoire s'est achevée comme elle avait commencé, à vitesse grand V. Ils revendent l'appartement et se déchirent pour récupérer le grille-pain et la machine à café (assortie aux torchons). D'après Mado, le notaire ne cille pas à l'annonce de la revente quasi immédiate pour cause de rupture, habitué à l'inconstance sentimentale des Parisiens. Mado et son ex partagent une plus-value de vingt-cinq mille euros et ne se revoient plus. Quelque temps plus tard, elle quitte Paris et s'installe à Rennes.

Le triomphe de la voyante restera dans les annales. À compter de leur rencontre, Mado prend « un abonnement », expression qu'elle adore, et se rend à Brocéliande dès qu'un homme se faufile sous ses draps. Rapidement, elle ne prend plus la peine de se déplacer car Lina lui tire les cartes au téléphone gratuitement. « Je dois être sa meilleure cliente, ça vaut un geste commercial », s'amuse Mado. Si sa relation avec le jules fut brève, son sentiment d'échec persiste longtemps. Mado se met à douter d'être capable d'aimer ou d'être aimée. Son recours à la psychanalyse ne change rien à son état (ou peut-être les changements induits par la thérapie sont-ils trop lents ou trop subtils). Pour se rassurer, elle fait ce qu'il y a de pire : elle s'inscrit sur un site de rencontres.

Le rôle de Lina devient crucial.

Avant chaque rendez-vous, Mado appelle Lina et la voyante la prévient de ce qu'elle peut espérer. Sa vision est binaire. Fiable. Pas fiable. Mado s'économise en désillusions, en « j'ai cru que… mais en fait non », toutes ces microdéceptions qui pèsent comme un âne mort et la laisseraient penser que l'amour s'est détourné d'elle définitivement. Mado ne prend pas le risque de contredire Lina. Entre un inconnu avec lequel elle dîne pour la première fois et la voyante de Brocéliande, c'est encore cette dernière qu'elle connaît le mieux.

À l'entendre, Lina s'est métamorphosée au fil des mois en arme fatale contre les algorithmes. C'est David contre Goliath.

Même si j'imagine que Mado arrange la réalité pour épater son auditoire (c'est-à-dire moi), la voyante doit être douée, sinon à quoi bon claquer autant de billets dans la forêt ? Mado ne cesse de m'en parler, bien que mon intérêt ne soit pas manifeste. Elle plante la présence de Lina dans mon univers mental et, le jour où je me trouverai démunie de force, en plein KO émotionnel, le prénom de la voyante resurgira dans ma conscience. Ce jour approche lentement mais sûrement.

Ce qui me conduit au second revirement de l'année 2018.

Paul.

Célestine le rencontre dans un troquet et se persuade que nous sommes faits l'un pour l'autre.

Je sors avec Paul. Notre relation deviendra douloureuse au point d'atteindre un point de non-retour.

Pour comprendre la source de cet effondrement mental qui me conduira chez Lina et entraînera une succession de révélations, il me faut remonter un peu en arrière.

Avant Paul, je n'avais aucune intention de me caser. Depuis la fin de mes études, l'amour n'est qu'un passe-temps, auquel je m'adonne avec joie, quand l'occasion se présente.

Célestine m'a collé l'étiquette de phobique de l'engagement et me met dans le même sac que les types qui disparaissent de sa vie après deux rencards. Je ne m'en formalise pas. Sauf qu'à la différence des gars qu'elle fréquente, je ne suis pas à la recherche d'une relation. La possibilité de multiplier les partenaires, tant vantée avec l'avènement des applications de rencontres, ne m'intéresse pas. Je ne ressens nullement le besoin de tester un panel de pénis avant d'élire celui avec lequel je passerai ma vie, ou un dixième de celle-ci. J'évolue hors des réseaux.

J'aime plaire. Je ne refuse jamais un flirt mais ça s'arrête là. Je ne veux pas être amoureuse. Non, ce n'est pas tout à fait exact. J'éprouve du plaisir à tomber sous le charme mais, à la première contrainte, devant la plus infime concession demandée, face au moindre reproche de ne pas être assez présente ou impliquée, j'étouffe. Littéralement. Le piège conjugal se referme et me fait paniquer.

Je suis mariée à mon métier. Les hommes ne viennent que m'en distraire. La vulnérabilité n'a pas sa place dans mon environnement. Je dois rester attentive, sur le qui-vive, prête à partir. À mes débuts, je travaille dans une rédaction réputée impitoyable, que ses employés ont baptisée « l'asile ». Je suis entourée de filles célibataires ambitieuses et de garçons tout aussi ambitieux, mais en couple avec des femmes qui le sont beaucoup moins. Malgré les apparences, certaines de mes collègues sont désireuses d'aimer. Elles gobent du Prozac dans les toilettes tant elles sont frustrées de la double bataille qu'elles doivent mener. Elles rentrent tard, cumulent les heures, mais les hommes ne les attendent pas. Sans attaches, je me félicite de bosser nuit et jour. Les émotions sont proscrites. L'orgueil hypertrophié par l'appel de la gloire. Faut cogner. Comme à la guerre. Le voisin, le concurrent, le collègue, le subalterne.

Les attitudes calculées peuvent changer le temps d'une soirée quand, oubliant momentanément le poids de nos vocations, nous nous abandonnons à des amourettes alcoolisées, antidotes euphorisants et éphémères au spleen d'une génération pressurée.

C'est dans cette ambiance anxiogène que le drame

survient. L'amour frappe. Cupidon est un malin. Il sait ce qu'il fait, mieux que n'importe quel algorithme. Quoi de plus passionné et passionnant qu'une relation impossible ? Ce n'est ni le bon moment (soumise à un stress de dingue, je dois rester concentrée) ni le bon endroit (le cadre est professionnel, ce n'est pas le lieu – mais Cupidon dirait le contraire : si, si, justement, c'est *le* lieu ; dans un univers ultraconcurrentiel et stakhanoviste, l'affection est l'unique vestige de notre humanité). Ce n'est pas non plus la bonne personne : il est marié (sinon, c'est trop facile).

Il m'attire sans que j'y prête attention. Nous ne travaillons pas au même étage. Je le croise au pied de l'immeuble, dans la zone réservée aux fumeurs, devant la machine à café, à la cafétéria. Sa courtoisie tranche avec l'agressivité de la meute. Peut-être est-il aussi violent que les autres, je ne sais pas, le visage qu'il me montre est toujours jovial. Il anime une émission nocturne. Je me surprends à traîner en fin de journée pour assister à ses enregistrements. Une lueur dans son regard me touche. Éprouver de la tendresse dans un monde de brutes me maintient la tête hors de l'eau. Et puis, je ne risque pas de me caser. Il n'est pas disponible. La relation restera platonique. J'en suis persuadée au point d'accepter de travailler avec lui, à la réalisation de son émission. J'y vois une opportunité professionnelle.

Désormais nous nous côtoyons tous les jours. Je souris à sa vue. Je suis en confiance. Je mémorise sans le vouloir un tas de détails : le nombre de sucres qu'il prend avec son café, le nombre de cafés, de cigarettes, la marque de ses paquets, le code pour déverrouiller son smartphone, le prénom de sa femme, l'absence d'enfant, le passé de guitariste, l'adresse dans le 12e arrondissement. Au fil des semaines, mon trouble s'intensifie. Mes nuits se teintent de rêves érotiques. La journée, j'en rougis, persuadée que mon désir est tamponné sur mon front. Mon masque se fissure. Dans une entreprise aux codes guerriers, les émotions, signes de faiblesse, sont tues et donc exacerbées. Elles deviennent aussi addictives que des shoots d'adrénaline. La situation est gênante à souhait. Je me dis que ça va passer. Nous sommes là pour travailler.

Un jour, il vient à mon bureau pour discuter d'un sujet. Soudain, il perd ses moyens, se met à bafouiller, incapable de délivrer un message simple et cohérent (le comble pour un journaliste). La scène se répète plusieurs fois. Je comprends que nous sommes sur une pente glissante. Je l'observe davantage et, peu à peu, se déploie sous mes yeux sa lutte pour dissimuler ses sentiments.

Nous n'osons plus nous adresser la parole.

Mes joues couleur incendie.

Enflammée et inexpérimentée, je n'ai pas l'idée de me déclarer. Lui ose un pas timide entre deux portes. Il est maladroit, je ne comprends pas le message. La situation s'embourbe. Je tente de repérer les issues de secours. S'il trompe sa femme, je cesserai de le respecter. S'il résiste à la tentation, l'attirance sera cristallisée. Quant à me choisir, ce serait une erreur : je ne suis pas prête à assumer. Si la rumeur d'une liaison se répandait, je serais taxée d'allumeuse. Lui, pourtant marié, serait à peine charrié.

La solution vient d'elle-même. Je saisis la première opportunité pour partir et fuir cette entreprise dont je garde un souvenir épouvantable. Adieu le champ de bataille. Je trace, sans équipe ni hiérarchie. Indépendante. Fuck Cupidon. Je me barre, coupure nette. J'implore ma conscience de se vider de tout souvenir, pour ne pas cultiver les regrets, et me ferme davantage pour ne plus ressentir. Je me répète : « C'est impossible. Impossible. » Et puis, cette boîte est merdique. Il ne peut pas être différent des autres.

Je prends donc le large, vivant ici et là quelques histoires lamentables, incapable de m'attacher. Je fanfaronne : quelle perte de temps, le sentiment. La mue a opéré. Je singe le cliché de l'homme ambitieux et fonceur. Je me rends compte de mon effrayante métamorphose et me considère comme « cassée », misant sur les années pour réparer la machine que je suis devenue. Une machine qui se dit née pour travailler, qui ne daigne pas aimer et dont les émotions ne sont que des entraves à sa fonction laborieuse.

Peu à peu, mon quotidien se fait plus solitaire. Freelance, le plus souvent en déplacement, sans collègue ni machine à café, réfractaire aux rencontres en ligne et moins encline à me saouler en soirée, je ne rencontre plus de partenaires potentiels. Je n'en fais pas un sujet d'inquiétude. Je reste une femme mariée, et fidèle, à mon métier. L'indépendance devient chronophage. La frontière entre le pro et le perso est plus que ténue. Je le vis bien (l'esprit accaparé). Mes proches, moins. Ils ne le disent pas clairement mais je le devine à leur envie de remédier à « la situation ».

C'est ainsi que je rencontre Paul, par l'entremise de Célestine.

La scène se déroule à une terrasse de café, rue des Archives. Célestine est en forme. Ce soir, nous célébrons son passage à Paris. Depuis son départ à Rennes, elle fait un aller-retour mensuel à la capitale.

Nous parlons de tout et de rien. La conversation s'attarde sur nos vies sentimentales. Célestine a envie de disserter sur mon cas. Je la laisse déblatérer. Sans garde-fou, elle y va franco.

Mon célibat la laisse perplexe. Elle formule l'hypothèse que je suis amoureuse d'elle. N'ayant jamais montré de signe d'attirance envers les femmes, je suis surprise par sa remarque. Décidément, même chez mes proches, le préjugé est répandu : une femme sans homme serait une lesbienne qui s'ignore.

Célestine ne se débine pas et déballe une série d'arguments bidon. Je suis dévouée à mes amies et distante avec mes soupirants. « C'est évident. » Elle affiche un sourire mi-figue mi-raisin.

Je mise sur l'humour pour nous sortir de cette conversation ubuesque et lui demande pour quelle raison je serais éprise d'elle et pas de Mado.

— J'ai plus de pognon, répond-elle sans hésiter une seule seconde. Et puis, je suis mieux foutue.

C'est dingue. Une fraction de seconde, je me mets à douter, non pas de mes sentiments mais des siens. Elle est en train de projeter ses fantasmes. N'est-ce pas l'une des caractéristiques de l'attirance ? L'objet de désir nous tend un miroir. Alors j'abats ma carte :

— C'est toi qui es amoureuse de moi.

Elle lève les yeux au ciel et j'en prends plein la tronche :

— Tu ne sais pas cuisiner. Tu es incapable de gérer tes émotions. Incapable de t'engager. En plus, tu n'es jamais là.

Je l'implore d'arrêter de lister mes défauts avec autant de jubilation.

Elle se tait avant de m'offrir son plus beau sourire et, dans un enchaînement d'idées dont l'imprévisibilité me donne envie de partir loin, très loin, elle m'annonce avoir quelqu'un à me présenter.

Il s'appelle Paul.

Célestine a fait sa connaissance via une application qu'elle utilise pour trouver un amant – le terme le plus approprié serait « géniteur » mais elle s'insurgerait devant mon insolence – et, par la même occasion, distribuer ses cartes de visite. Elle et Paul ont échangé des banalités en ligne pendant une semaine avant de se donner rendez-vous dans un bar, à la nuit tombée. Ils ont discuté deux heures en buvant du vin. Célestine a jugé ce garçon très sympathique. Je lui demande pourquoi elle ne le fréquente pas, elle.

— C'est pas mon genre, c'est le tien.

Et elle mime une ascension de marches. Traduction : c'est un ambitieux.

Célestine nous met en lien sous prétexte d'une possible collaboration professionnelle, car Paul est photographe pour la presse. Dans un mail qui réunit nos trois noms, elle écrit un pavé qui se veut très moderne, employant des mots comme « réseau », « challenge », « opportunité », « synergie ». Paul répond rapidement, dans la même veine, avec une touche d'ironie en prime.

Je le rencarde par curiosité. À sa vue, le mot « cadenassé » me percute. Ce garçon est un dragueur au cœur fermé. Il ne pourrait me plaire sans que j'en souffre : je ne comprends que le langage des sentimentaux qui s'amourachent follement. Les froids, les distants, les précautionneux, me laissent perplexe, voire m'effraient. Pour le reste, Célestine a vu juste : nous avons envie de travailler ensemble. Ce que nous faisons sur un premier sujet. C'est facile, nous nous comprenons sans avoir besoin de parlementer pendant des heures.

Un jeu de séduction s'amorce, ce qui n'est pas pour me déplaire, car la joute galante égaie nos rapports quotidiens. Néanmoins, je résiste à ses avances. Notre duo professionnel me semble plus prometteur qu'une union charnelle entre deux paralysés du sentiment.

Lui ne baisse pas les bras, le challenge l'excite (l'esprit de compétition très développé) et il fait tout pour me mettre dans son lit.

Un jour, je cède à ses avances, un peu par lassitude.

Dès l'instant où je me pense amoureuse, Paul se tire.

Pour revenir.

Et repartir.

Pendant une année, nous nous croisons sur un plateau de jeu où je suis l'oie et où lui seul tire les dés.

Je prends la route vers Brocéliande, un lundi de septembre 2019. Je ne m'attends à rien. Je gis dans une humeur noire. Je me déteste de courir après un garçon qui se fiche de moi. J'ai le sentiment d'avoir mille ans.

Mado est une excellente amie, je peux en juger aux moments clés. Quand je l'ai appelée pour réclamer le numéro de sa voyante, elle s'est contentée de grommeler : « Ah mince, ça ne va pas, à ce point-là ? » Je n'avais envie ni de me justifier ni de me confier, elle l'a compris. J'ai reçu les coordonnées par texto avec une mise en garde. « Attention, Lina ne ment jamais. » Je ne l'ai pas prise au sérieux. Je me suis dit : la Lina, elle va m'annoncer que Paul n'ose pas avouer ses sentiments et que l'histoire va repartir.

L'aveuglement est sans limite.

Ma méfiance s'aiguise à l'approche de sa maison. Le décalage entre mon fantasme et la réalité se révèle abyssal. J'imaginais un cabanon planqué dans les bois, un lieu féerique digne de la réputation de « La Voyante de Brocéliande ». Or, quand je m'extrais de l'habitacle de ma voiture, mes yeux filent sur le sigle d'un centre commercial. Je l'imaginais autrement, cette forêt mythique. J'ai la sensation d'être flouée. Mado me dira : « C'est à l'orée. » Tu parles ! La voyante habite une ville d'Ille-et-Vilaine à peine moyenne, dans une maison moyenne d'un lotissement moyen, où dans chaque allée bétonnée, des voitures d'entrée de gamme de manufacture française sont garées.

Il y a ici et là sur les pelouses, tondues avec plus ou moins d'habileté, du mobilier de jardin en plastique, des chaises longues bleues et roses fluo, des trampolines, des trottinettes et des balançoires. Des bouteilles d'eau en plastique et des packs de soda sont stockés sur les terrasses. Des planchas achetées quatre-vingt-dix-neuf euros dans un magasin discount prennent la pluie deux cent vingt jours par an.

Je vais me faire arnaquer par une Madame Tout-le-Monde qui joue à la sorcière. Je suis trop faible pour me défendre. J'ai envie de rebrousser chemin. Cette femme pourrait me nuire avec ses balivernes.

Je sonne à la porte. Après tout, j'en ai vu d'autres.

J'entends des pas feutrés et songe qu'il est étrange, peut-être même risqué, de recevoir des inconnus chez soi.

Un tour de clé. Le chambranle grince. Le visage de la voyante se révèle dans l'embrasure de la porte.

À quoi m'attendais-je ? À du folklorique, probablement, car je suis surprise par tant de normalité. Une dame au physique solide, entretenu par la marche à pied. Un visage sans artifices, des yeux bleus, des mèches de cheveux teints en blond. La septuagénaire fait son âge et ce n'est pas un sujet de torture. J'apprécie d'emblée cette indifférence au jeunisme.

— Suivez-moi.

Je traverse le salon telle une automate, sans prendre le temps d'observer les lieux, enregistrant seulement une impression de propre et de carrelage lumineux. Il y a un homme dans la cuisine, qu'elle présente du bout des lèvres, son mari, son amant, son compagnon, je ne sais pas. Il me fait un signe de tête. Je le lui rends, avec réticence, la présence d'un témoin ne me plaît guère.

— On va s'installer dans la chambre d'amis.

Nous entrons dans une pièce d'environ dix mètres carrés. Le lit mange l'espace. Une broderie vieillotte est accrochée au mur. Des portraits de famille en noir et blanc sont disposés sur une commode. Je remarque une pile de livres sur la table de chevet. Cette vision me rassure. Nous avons une passion commune. Soudain, une odeur de rose synthétique me chatouille les narines.

Une table minuscule est accolée au mur sous l'unique fenêtre. Deux chaises se font face. Lina s'installe sur l'une et me désigne l'autre. Ses yeux passent sur mon visage sans s'attarder. Sept jeux de cartes sont alignés sur sa gauche. Elle se saisit du premier, celui qui se trouve le plus près d'elle, et se met à le battre.

Elle me demande, d'un ton badin :

— Ça va ?

Je suis incapable de parler.

La situation m'émeut parce que je me sais aux abois pour en être là, dans cette chambre, face à cette dame, à attendre des cartes un signe encourageant, parce que j'en ai besoin et que je ne sais pas comment l'obtenir autrement. Ce n'est pas tant que je n'ai pas pu solliciter du soutien plus tôt, au contraire, je l'ai réclamé, auprès de mes amis, de ma famille, de mon médecin, je suis entourée, ils ont tout essayé, en vain. La désertion de Paul a provoqué ma chute ainsi qu'une forme d'obsession interprétative : je me suis entêtée à comprendre, à le comprendre, disséquant jusqu'à la moindre phrase.

Je réponds d'un « ça va » à peine audible. Mon attitude traduit aussi bien la gêne que la peine. Et puis, je ne veux pas lui livrer d'indications. J'accorde aux sceptiques que je ne respire pas la joie de vivre. Néanmoins, je ne pipe mot.

Lina dépose le paquet de cartes sur la table et me demande de le couper. J'hésite. Quelle main ? Avec quelle main dois-je prendre les cartes ? Si je m'en saisis avec la droite alors qu'il fallait utiliser la gauche, le jeu sera-t-il faussé ?

Ce dilemme de quelques secondes déterre une superstition que je ne soupçonnais pas. Une culture ancestrale rejaillit en moi à travers ce réflexe, qui me surprend d'autant plus que je me définis comme « cartésienne ».

Je me décide à couper de la main gauche.

Elle regarde la carte qui apparaît à la jonction entre les deux tas et tire un premier constat :

— Vous êtes épuisée.

Elle ramasse le jeu, l'étale devant moi.

— Prenez-en treize.

Je m'exécute, de la main gauche, le cœur battant.

À l'heure où j'écris cette phrase, des années se sont écoulées et je tergiverse sur la manière dont je pourrais retranscrire cette consultation.

Je pourrais raconter l'interprétation du tirage, *le chien de pique*, le flot d'injures dans la bouche de Lina pour décrire Paul, « un menteur, un hypocrite, un malade », ses injonctions à ne jamais le revoir, et l'engueulade carabinée devant mon entêtement à m'accrocher à cette histoire qui me détruit. « Ce type peut vous tuer ! Il est timbré ! » Son langage sans fioritures est déconcertant. Rustique. Intrusif. Tranchant. J'en suis presque tétanisée. Moi, l'intello m'adonnant à une pratique dite populaire. Je me sens déplacée, une bourge, dans une position de supériorité, obligée de me confronter à un aspect de ma personne qui me rend mal à l'aise. Elle se met à râler, « on ne mélange pas les torchons et les serviettes », en me lançant des regards appuyés, regards que je peine à interpréter. Je ne sais plus à qui elle fait référence.

À Paul, qui, la première fois qu'il est entré dans ma chambre, a lâché qu'il se sentait « insulté » par les piles d'ouvrages qui s'amoncelaient autour de mon lit ? Il jugeait chaque élément de ma vie à l'aune de ses compétences : étais-je meilleure que lui ou inférieure ? Lui, qui n'aimait pas lire, voyait comme un affront ma bibliothèque qui s'apparentait à un « étalage de ma culture ». Son ambition (Célestine l'avait bien cerné) allait de pair avec un esprit de compétition très aiguisé. « Dans un an, avait-il annoncé ce soir-là, j'aurai lu autant que toi. » Et, dans la foulée, il m'avait emprunté une dizaine de bouquins.

Ou alors Lina fait-elle référence à moi, hors de ma sphère, dans cette pièce, où sur chaque meuble reposent des bibelots et des photos de famille ?

Pour illustrer ses dires, elle me parle de sa petite-fille qui vit à Toulouse et suit des études supérieures. La jeune femme lit beaucoup, m'explique Lina, à tel point que cela a créé un fossé entre elle et sa grand-mère. « Je lui dis de faire attention quand elle parle. »

Je m'enfonce dans le mutisme, gênée, mais mon silence ne fait qu'entretenir mon impression d'une lutte des classes au sein de sa chambre d'amis.

J'écoute, presque docile, jambes croisées, mains sur les genoux. Lina ne s'attarde pas sur mon embarras et enchaîne les phrases assassines contre « ce con ».

— Y a pas d'amour dans cette histoire, je vois pas d'amour dans les cartes, y a du pique partout, lui c'est un chien de pique (elle tapote du doigt le valet de pique), la première elle disait que t'étais fatiguée (je note qu'elle me tutoie), m'étonne pas que t'en peuves plus avec un con pareil. T'as oublié ce que ça faisait d'être amoureuse ? Les papillons dans le ventre, le sourire aux lèvres, t'as connu, ça, avant, non ? S'il t'aimait, vous vivrez déjà ensemble. Un homme amoureux, il se décarcasse, y fait tout pour sa chérie. C'est un cassos, ton bonhomme. Il boit, en plus. Il se droguerait pas un peu, hein ? Qu'est-ce que tu vas traîner avec un abruti pareil ? C'est quand même fou de pas être capable de trouver un compagnon valable ! Un homme, pas un mec ! Faut faire la différence entre l'amour et le sexe avec un pauv' type manipulateur.

Lina fait une pause. Je dodeline de la tête pour marquer mon assentiment. La scène me paraît lunaire. J'hallucine, non pas sur le fond, « Paul est un con », mais sur la forme. Les mots qu'elle emploie me sont très familiers, mes proches les utilisent, j'ai l'impression de les entendre, comme si Lina était leur porte-voix.

« Un pauv' type fourbe et manipulateur ! » Célestine a hurlé dans le combiné, en vain, je faisais la sourde oreille. Paul m'éprouvait. Je me perdais à analyser son comportement. Il ne pouvait pas être con, seulement con ? C'était trop vulgaire comme explication. J'avais la sensation d'être placée devant une grille de mots fléchés. Si je parvenais à remplir toutes les cases, la solution surgirait. Je comprendrais enfin comment le faire rester.

Il réapparaissait toujours à l'improviste en se lamentant d'être paumé. Nous sombrions dans le mélodrame. Moi qui voulais panser ses blessures. Lui qui secouait la tête : impossible. Je ne comprenais pas la logique : pourquoi séduire pour jeter ? Je refusais l'idée qu'il ne m'aimait pas, par orgueil ou incapacité à admettre la déception. Je persistais à croire que la situation allait se débloquer. Qu'il suffisait d'un peu de patience, d'un peu de prévenance.

Au fil des mois d'une relation en pointillé, j'ai perdu en énergie, en souffle, en appétit. Travailler est devenu compliqué : je n'étais plus performante. Mado m'a filé le contact de son médecin généraliste, également acupuncteur. Je me suis contentée de m'asseoir dans son bureau, d'ouvrir la bouche et de lui faire constater mon aphonie. D'un geste, le médecin m'a priée de le suivre. Dans la salle voisine, il m'a piquée d'une vingtaine d'aiguilles. Avant de refermer la porte, il a glissé entre mes doigts la première fiche d'une longue série intitulée : *La trahison amoureuse*. Quand il a surgi dans la pièce trois heures plus tard, il me semblait qu'une minute venait de s'écouler.

Les aiguilles m'avaient assommée. En sortant dans la rue, après des jours de ciel gris, j'ai entrevu une éclaircie.

Je suis retournée voir le médecin toutes les semaines pendant trois mois. Mon nom apparaissait sur la première ligne de son agenda. Il arrivait à huit heures, sa mallette marron à la main. Je l'attendais déjà. Il souriait en me découvrant assise par terre avec des mots fléchés. Le *process* était rodé. Je m'installais sur une table, il plaçait les aiguilles et me laissait avec les fiches thérapeutiques qu'il rédigeait lui-même : une synthèse des centaines de livres qu'il avait étudiés. Je les dévorais. Je commençais à comprendre que ma relation avec Paul traduisait ma seule phobie de l'engagement. Choisir un séducteur prémunit d'une réussite.

L'originalité de la méthode avait dû faire ses preuves : le cabinet était pris d'assaut. La salle d'attente était toujours remplie. Le médecin accueillait les âmes brisées, en solo ou en duo, avec l'assurance de celui qui en a soigné des milliers. À travers les fines cloisons, j'entendais des couples s'entredéchirer. Une litanie de reproches domestiques absurdes et banals (qui dissuaderait n'importe qui de se marier) que le praticien écoutait sans broncher. Quand les voix se tarissaient – j'imaginais les patients ratatinés comme des ballons de baudruche percés après quarante-cinq minutes de plaintes abominables – il les raccompagnait vers la sortie.

J'attendais sans impatience qu'il vienne me libérer de mes aiguilles et quand, après plusieurs heures, je le soupçonnais de m'avoir oubliée, il entrait dans la pièce. Il marmonnait, presque furieux devant mon état à cause d'un « mec ». Il se montrait confiant. « Ce mec, vous allez l'oublier. Il vous faut trouver un homme. » Quelle est la différence ? « À vous de le découvrir. »

J'entendais la raison d'une oreille, et de l'autre, je percevais l'appel de la passion. Je m'accrochais au mec, à la souffrance, au manque. M'en fous des hommes. Le médecin me secouait avec autorité. Dans son esprit, j'étais fautive. Je cherchais les emmerdes. Je l'écoutais, pendue à sa blouse blanche de sauveur. Son jugement implacable s'abattait sur ma conscience.

Vous vous mentez, me disait-il.

Vous taisez une vérité intime.

Vous n'avez pas peur de l'échec. Vous avez peur de réussir.

Vous vous sabotez.

Vous craignez l'amour.

Vous refusez la vulnérabilité.

Vous êtes une enfant dans sa toute-puissance.

Vous êtes séductrice et non séduisante.

Là, j'ai bloqué. C'était gratuit. Après avoir tenté en vain d'obtenir une explication, « Quelle est la différence ? À vous de le découvrir », je l'ai pris au mot et suis partie en quête d'une définition. Le dictionnaire m'a appris que le séducteur corrompt, à l'image d'un don Juan qui joue de l'autre pour parvenir à ses fins. L'être séduisant (dont l'étymologie *suduiant* signifie « fourbe », ce qui n'est pas de meilleur augure) arrive au même résultat que le don Juan mais sans en avoir eu l'intention. C'est donc la manipulation qui les distinguerait. Étais-je une séductrice ? Et en quoi était-ce criant au point de le pointer, entre deux aiguilles, dans un bureau surchargé de dossiers ? J'étais aphone, dévastée, et maigrichonne, le médecin ne pouvait m'accabler de tenir le rôle de femme fatale, j'avais d'autres chats à fouetter que de plaire à un homme. Après cette remarque, je me suis essayée à la transparence, sans me présenter sous mon meilleur jour. Ne pas séduire est aussi une manœuvre. Résultat : jamais je ne me suis autant fait draguer.

Un autre jour, le médecin a lâché une évidence :

— Vous n'êtes pas éternelle, très chère.

Je me rappelle ce « très chère » en guise de ponctuation. Je me rappelle également mon étonnement. Oui, j'étais mortelle. L'idée fit son chemin jusqu'à me convaincre de lâcher l'affaire avec Paul. Je ne le sauverais pas de son mal-être. Ça me prendrait une vie entière sans garantie de résultat. Comme quoi, on se blinde de grandes théories, on complexifie les raisonnements et c'est une morale à la *Oui-Oui* qui l'emporte : je peux mourir demain.

Après en avoir pris pour mon grade pendant des mois dans ce cabinet, j'ai fini par me relever.

Pour retomber aussitôt. Le hasard (plus vicieux que Cupidon) voulut que je travaille de nouveau avec Paul. Je ne pouvais pas refuser, j'avais besoin d'argent.

Nous avons recouché ensemble. Il a recommencé à souffler le chaud et le froid. La situation était de plus en plus humiliante, je ne pouvais admettre ce qui se passait dans ma vie. J'ai cessé de consulter le médecin (incapable d'assumer mes actes) et j'ai coulé. Une nuit, alors que Paul me confiait, au lit, son impossibilité à s'engager à mes côtés – j'appris plus tard qu'il convoitait au même moment une femme mariée, dont la conquête « bien plus ardue » était très excitante –, j'ai pensé à la cartomancienne de mes amies. Lina. Trois jours plus tard, j'étais devant sa maison à Brocéliande.

— Il voit plein d'autres filles, il couche partout, ce type est dégueulasse.

Je n'ai aucune idée de ce que les cartes symbolisent, ni de la manière dont Lina s'y prend pour les lire, je ne connais rien à la signification de telle ou telle figure (Mado me dira plus tard que, dans le jargon, on dit arcanes). Je demeure muette de stupeur. Lina aussi semble effarée, mais pour d'autres raisons.

— L'amour, c'est une maladie. Faut mettre des œillères et avancer pour s'en sortir.

Dans cette phrase, je sens le poids d'années de confidences torturées, de cœurs malmenés, de gens, qui comme moi, sont venus la trouver pour se prendre dans la gueule un électrochoc. Je suis scotchée. Scotchée.

Cinquante minutes passent avant qu'elle ne relève la tête. D'une main, elle balaie la table.

— Ce que je vous dis là, vous le savez déjà, non ?

Cette rengaine m'est familière, après un échec, la reconstitution de l'histoire à la recherche d'éléments qui expliqueraient *in fine* la rupture. « Je le savais depuis le début », dit-on, à tort ou à raison. L'esprit fabrique des souvenirs.

Je pourrais ainsi raconter la débâcle, comme je pourrais parler de mon apaisement à l'annonce finale d'une résolution du conflit et d'une nouvelle rencontre :

— Un type bien meilleur, ah oui, un très bon gars, un roi de cœur. Vous vous marierez et vous aurez un enfant, peut-être deux mais pas plus. L'aîné sera un garçon. Pas tout de suite, hein ? D'ici quelques années.

Même si le mariage ne me semble pas fait pour moi, je suis soulagée. Parce qu'elle évoque une suite. Il y aura un « après Paul », suffisamment beau pour que je puisse faire confiance de nouveau à un homme. Cette perspective me touche.

Elle me demande quel est mon métier et je bredouille que j'écris.

— Vous devriez écrire sur l'amour. Tout le monde s'intéresse à l'amour.

Je me dis que c'est une bonne idée, à condition de la prendre, elle, la voyante, comme fil rouge. La graine vient d'être plantée. Lina m'évoque un personnage de « Striptease ». La réputation moqueuse de cette émission télévisuelle belge n'est plus à faire, mais ma comparaison ne se veut pas cynique. Je trouve Lina dérangeante et théâtrale, à l'image de mon idole, Anne, l'héroïne de *Ni juge ni soumise*. Les réalisateurs de « Striptease » ont fait un film sur cette femme franche, indépendante et atypique. Et très bien placée dans l'échelle sociale puisque juge d'instruction à Bruxelles. C'est la différence fondamentale entre les deux personnages, Anne et Lina. L'une a une activité légitime, l'autre illégitime. Malgré la similitude de leurs personnalités, elles provoqueraient des réactions opposées : l'une serait adulée, l'autre raillée. La violence des préjugés supplante le raisonnement. N'ai-je pas snobé la voyante sans même la connaître ?

— Ne pondez pas un truc d'intello, hein ? Personne le lira, vot' bouquin.

Elle se tourne vers sa table de chevet pour désigner la pile de romans policiers.

— J'adore lire. Et faire du sport.

Ce prosaïsme me surprend, comme si tous ses dires devaient toucher au surnaturel. Lina m'inspire un mélange d'admiration et de crainte – c'est la raison pour laquelle je mettrai quatre ans à raconter cette histoire. Il me faudra prendre le temps de l'approcher pour dépasser la fascination et comprendre ce qui se trame dans cette chambre. Notre relation est intense. Viser l'objectivité serait illusoire. Pour l'heure, si la journaliste se trouve piquée de curiosité, elle reste au second plan. C'est la femme qui se fait tirer les cartes. C'est elle qui a sollicité Lina. Pour écrire, il me faudra tenter de concilier les deux. La femme ressent la justesse de Lina. La journaliste se veut rationnelle : elle se méfie de la voyante. La femme aime se faire tirer les cartes. La journaliste méprise la divination. La femme trouve la journaliste envahissante. La journaliste a honte de la femme. La femme devra tuer la journaliste pour être libre de son écriture.

— Votre jeu est bon ; à ce point, c'est pas souvent. La roue va tourner. La suite sera meilleure.

Ma joie n'est pas simulée. Cette sentence, « la suite sera meilleure », que l'on m'a rabâchée mille fois, qui semble sortie tout droit d'un livre de psycho-pop, cette sentence, c'est elle qui devait la prononcer pour que je puisse l'entendre. Ses propos comblent les vides. Résultat, je valide l'expérience. J'en ai terriblement besoin.

Elle a raison.

Complètement raison.

Une heure s'est écoulée. La lumière décline à travers les voilages apposés aux fenêtres. J'imagine qu'ils sont là pour préserver les consultants des regards extérieurs. J'aurais été mortifiée si un individu, même un parfait inconnu, m'avait observée dans cette position, que je juge de faiblesse.

— Vous avez des questions ?

Je secoue la tête, non, non, pas de question. Elle conclut d'une voix sans appel :

— Ne revoyez plus jamais cet abruti et revenez me voir dans un an.

J'opine et glisse un billet de cinquante euros sur la table. Elle se lève, je la suis. On se salue sur le pas de la porte.

Je m'éloigne dans l'allée, quand elle me hèle pour que je me retourne. Elle met une main près de son oreille, mimant un téléphone.

— Appelez-moi si ça ne va pas. Faites très attention à vous.

Là encore, j'entraperçois à travers cette phrase le lot de situations merdiques qu'elle et ses clients ont traversées.

Je la remercie et monte dans ma voiture.

Je reste quelques minutes sans bouger, à reprendre mon souffle.

La suite sera meilleure.

La suite sera meilleure.

La. Suite. Sera. Meilleure.

Je reprends la route en direction de Rennes pour dîner avec Mado qui me réclame illico le récit de ma visite à Brocéliande. Je peine à me livrer. Je veux garder les bonnes nouvelles secrètes dans la crainte, en comparant nos séances, de déceler une similitude dans les discours. Je souhaite conserver cette conviction neuve, et si salvatrice, que le meilleur reste à venir. Je ne veux pas intellectualiser la séance. Je ne désacraliserai pas le contenu de cette foutue séance.

La suite sera meilleure.

Mado apaise mes craintes.

— Elle trouve mon jeu affreusement mauvais. Tout l'inverse du tien.

Je ne cherche pas à développer, incapable de générosité. Au lieu de lui demander de la relancer, je change de sujet.

Pourquoi j'y crois ?

Parce qu'avec Lina, tout est possible. Parce qu'elle prend pas cher. Parce que je sais qu'un jour je cesserai d'y croire.

Rien n'est irrévocable.

Nous sommes confinés, puis déconfinés, puis de nouveau reconfinés.

Si j'oublie Paul avec une facilité déconcertante, la voyante de Brocéliande me reste en mémoire. J'ai entraperçu dans sa chambre d'amis la part de notre humanité peu reluisante. Celle qui réclame des garanties, qui cumule les assurances, tiraillée par l'angoisse de l'inconnu. Cartomancienne serait l'un des plus vieux métiers du monde : une énième réponse à la frustration. Les cartes remplissent une fonction plus primaire que la thérapie. Elles répondent au besoin parfois irrépressible de connaître la suite. L'absence de réponse rend fou et les lendemains font peur tant parfois ils semblent incertains.

Je me fais la promesse de retourner à Brocéliande pour écrire et me rêve tapie dans la chambre d'amis de Lina. Les consultants défileraient. Des hommes penauds rongés par les dettes, les responsabilités et le devoir de réussite. Des femmes, économes, dépensières, flamboyantes, divorcées ou cocues. Des jeunes doutant de tout.

Comment les mépriser, celles et ceux qui se disent, au point où j'en suis, un petit tirage ne me ferait pas de mal ?

Les mois passent. Nos mouvements sont entravés à cause de la pandémie, un reportage chez Lina est exclu. Je commence à prendre des notes sur la base de notre première rencontre mais ma plume se heurte à mon manque d'informations et surtout à mon conflit d'intérêts : je ressens la nécessité de lui accorder du crédit parce qu'elle me prédit un avenir radieux. J'ai besoin de la croire. Ses paroles comblent un manque insoupçonné d'encouragements. Je vis depuis longtemps au pays du pessimisme, peut-on s'en étonner ? La raison englue mes pas, alourdit ma démarche et cloue au sol mes initiatives.

Je ne veux plus disposer, avant de me lancer, d'une foule d'informations raisonnées. Connaître la probabilité que mon entreprise plante. Et entendre le nombre de places et le nombre d'élus dès que je souhaite entreprendre une action.

Plus j'y réfléchis et plus je comprends la tentation de consulter.

Néanmoins, apprécier Lina ne m'a pas transformée en adepte des sciences occultes ni en prosélyte. J'en tiens pour preuve mon indifférence persistante et presque congénitale en la matière. Comme cette fois où je me suis rendue dans une médiathèque, déterminée à parcourir tous les ouvrages traitant d'ésotérisme. Je les ai empilés sur une table avant de commencer la lecture. Les phrases défilaient sous mes yeux sans que je ne parvienne à en accrocher le sens. Mon cerveau bâillait, il refusait de s'ouvrir, persuadé que ce que je lisais n'étaient que des âneries. C'est ce qu'on lui dit depuis qu'il est tout petit. Ce cerveau obtus m'a mise en colère. Résultat : je lui ai fait lire Blaise Pascal. Tout de suite, il s'est calmé, la référence lui convenait davantage, Pascal est étudié à l'école, il est bien vu de connaître son œuvre et d'en savourer le style. Mon cerveau est d'un snobisme misérable.

Blaise Pascal distingue deux catégories d'individus irréconciliables, les « géomètres » et les « fins », qui ne parlent pas la même langue. L'un est du côté du rationnel, le second de l'intuition. S'ils ne peuvent s'entendre, se méprisant pour leurs manquements mutuels, ils partagent une condition humaine par essence limitée. Si je transpose ce concept à mon cas, je dirais que la journaliste est géomètre et que la femme est fine. Inlassablement, elles entrent en conflit.

Blaise Pascal conclut qu'il juge l'œil brillant de l'intuitif bien plus aimable que l'œil sévère du géomètre. La face d'un illuminé serait plus joyeuse que celle d'un juge.

Je tiens un début de piste : Lina aurait foi en son don. Le temps ne parvient pas à altérer sa bonhomie. Voilà peut-être une explication à la fascination qu'elle exerce.

Si je veux percer davantage son mystère, je dois retourner la voir, c'est évident. Dans un coin de mon esprit, nos retrouvailles se préparent. J'attends une bonne occasion – comme un nouveau flirt qui tournerait au vinaigre – pour aller la trouver et consulter les cartes. Je jouerai les clientes pour l'observer encore une fois et confirmer ou contrecarrer cette première impression scotchante. J'en profiterai pour glisser une carte de visite sur la table et un enregistreur sous le lit. Le plan est simple mais la femme freine les ardeurs de la journaliste. Un autre tirage pourrait contredire le précédent.

Je suis en plein dilemme.

Je n'appelle pas Lina.

C'est drôle, la vie. On a le sentiment parfois de perdre son temps, de s'embourber en empruntant des chemins détournés et, un jour, sans crier gare, on atteint son but, avec un brin d'avance sur le temps de trajet estimé.

En 2020, mon sujet stagne pendant trois cent soixante-quatre jours (en plus du virus, une importante masse de travail me tombe dessus, une mission inespérée qui remplit mes caisses, j'opte pour le régime artiste-auteur et obtiens deux bourses d'écriture, qui remplissent de nouveau mes caisses, je rencontre un garçon, il est marin, c'est assez doux mais je sens que la relation n'ira pas très loin, serait-ce le flirt qui tournera au vinaigre ? Peut-être bien. Bref, je suis très occupée – et je ne revois pas l'autre abruti.) et le 31 décembre, au cours du trois-cent-soixante-cinquième jour de l'année, en l'espace de vingt-quatre heures, un évènement me propulse fissa chez Lina.

Nous venons d'être déconfinés pour la seconde fois. Mon esprit vogue vers la promesse d'une soirée arrosée avec une amie rencontrée sur un tournage.

Pauline. Trente-six ans. Peintre. Cheffe déco. Parisienne. Sans enfant. Elle évolue dans l'univers qui apparaît au bout de son pinceau. Ses réactions quand nous conversons ne sont jamais celles que j'attends. « Je réponds à côté parce que je suis sourde d'une oreille », se justifie-t-elle. Au-delà de son audition qui déconne, nos raisonnements ne sont jamais les mêmes et c'est ce qui la rend précieuse à mes yeux.

Je l'attends en gare de Nantes. Son train a du retard. Ou elle a pris le suivant, après avoir raté le premier sans m'en avoir avertie.

Finalement, elle débarque avec un gros sac jaune qu'elle balance dans le coffre. Elle s'installe à la place du mort. Tous ses gestes sont ponctués de rires. Je suis heureuse de la retrouver. J'en oublie l'attente. Nous avons trois heures de trajet pour atteindre le domicile d'un inconnu au fin fond de la Bretagne. C'est la proposition de Pauline pour la Saint-Sylvestre. Le propriétaire est un ami de notre copain Thomas. Ce dernier nous incruste à sa soirée. Elle me l'apprend. Je n'avais rien compris. Je pensais qu'une grand-mère nous laissait sa maison. Une grand-mère ? Oui, oui, la grand-mère de Thomas. Pauline se marre. La famille de Thomas habite en Bourgogne. Je suis à côté de la plaque. Pauline peut rire : elle ne dispose d'aucune information sur la soirée hormis cette adresse dans le Morbihan. Ni l'une ni l'autre ne sait où elle met les pieds. On s'en fiche. On y va.

La conversation reprend là où elle s'est arrêtée par texto. À défaut de se voir régulièrement, on s'écrit tous les jours.

Pauline loue un atelier à deux rues de son appartement où elle entrepose son matériel et peint sur de grandes toiles clouées aux murs. Elle hésite à résilier le bail. Deux loyers engagent des frais trop conséquents. Ses œuvres ne se vendent pas. Pauline gagne sa vie en créant les décors d'émissions de télé-réalité. Elle a le statut d'intermittente. Atteindre les cinq cent sept heures pour conserver ses droits l'oblige à un rythme haletant. Peu à peu, elle a rangé son art dans une catégorie bâtarde : celle du projet personnel. Ce qui ne rapporte pas d'argent n'existe plus en dehors de la sphère privée. C'est devenu un hobby, rien de très sérieux. Nous avons des points de vue opposés, ce débat nous l'avons eu mille fois. Comment concilier la création, qui nécessite un engagement mental et physique, avec les contingences matérielles ? Si je n'admets aucun compromis – pour vivre de sa passion, il faut la considérer comme un métier –, Pauline soutient que trimer essouffle les envies. Nos arguments sont tellement rodés et usés que la conversation meurt d'elle-même.

Nous regardons la route. Je tente de contrôler la vitesse du véhicule. Les radars sont légion. La région Bretagne est-elle fauchée ou peuplée de chauffards ? Pauline jette des coups d'œil à son téléphone. Elle semble nerveuse. Je lui demande si elle voit quelqu'un en ce moment. Oui, me dit-elle, et cette histoire lui inspire bien des tourments.

Pauline a rencontré un type sur un plateau de télévision où ils ont vécu un début de relation idyllique. Le tournage s'est déroulé loin de Paris. Coupés du monde, ils n'ont pas tergiversé. La première beuverie d'équipe, le soir de leur arrivée, a servi de tremplin à leurs émois. C'était simple, facile. Pendant plusieurs semaines, sur une île plantée de palmiers, bordée de sable blanc, et au sein d'une équipe de prod hystérique, ils ont travaillé et dormi ensemble, échangé promesses, salives et ragots. Ils se trouvaient bien, à bosser en short et sandales, à se nourrir de poissons grillés, à vivre dans des cabanes authentiques, autrement dit, conçues pour eux. Certains soirs, une bouteille de rhum circulait de main en main et la troupe finissait à poil dans la flotte.

Le rêve, ou plutôt la trêve. Pauline se sentait à sa place, occupée et amoureuse. Elle croyait que lui aussi.

L'émission terminée, ils ont déboulé à Orly, pris le RER et se sont embrassés à Denfert-Rochereau. On ne voyait qu'eux, les traits détendus, la peau hâlée, ça puait le soleil et l'huile de coco. Forcément, ils détonnaient. Puis un autre jeu s'est mis en place, très éprouvant : l'attente. Qui appelle en premier ? Qui avoue le manque ? Les règles se sont compliquées jour après jour. Le téléphone sonnait trop rarement. La manigance a mangé le naturel. Il ne s'agissait plus de dire, il s'agissait de moins montrer. De ne pas paraître intéressé plus que ça. Il fallait doser la demande, doser la frustration, doser l'envie. L'opération demandait un doigté de chimiste : une maladresse et la solution explose. Pauline approche de la quarantaine, et la spontanéité des premières amours a laissé place à d'innombrables calculs. À force d'analyses et de remises en question, elle s'est trouvé tellement de problèmes qu'elle ne prend même plus en compte, dans l'équation complexe de ses échecs amoureux, la simple hypothèse d'une incompatibilité. Alors qu'elle me raconte son affaire, elle espère un retournement de situation, comme un appel pour convenir d'un rendez-vous. Ils sont rentrés depuis deux mois, tout est encore possible. Le problème, dit-elle, vient de la distance géographique. Sa remarque m'étonne. Ils sont tous les deux parisiens. Pauline répond du tac au tac : entre le 14e arrondissement et le 20e, il y a un fleuve et combien de changements de métro ?

Et puis, d'une voix chargée d'ennui, elle confie :

— Il est divorcé et père de deux enfants.

— C'est chouette les enfants.

— Pas du tout, c'est chiant.

Machinalement, je déchiffre un panneau sur le bord de la chaussée. Il annonce la proximité d'une forêt. Je fais le lien avec Brocéliande. Je regarde Pauline qui marmonne en regardant son téléphone, « j'enverrai un message, mais pas maintenant, dans trois ou quatre jours », le moment est idéal pour lui changer les idées, je la sens bien disposée et, sans réfléchir davantage, je lui raconte mon tirage de cartes chez Lina.

Elle se redresse sur son siège, le visage soudain tendu par un intérêt manifeste au point d'envisager un changement d'itinéraire.

— Brocéliande, c'est pas si loin, la soirée, on s'en fiche, Thomas comprendra si on le plante, s'exclame-t-elle, avant de changer d'avis. Non vas-y roule, faut que j'arrête ces conneries.

C'est-à-dire ? Elle se tourne vers moi et me fixe quelques secondes. Je sens qu'elle pèse le pour et le contre avant de confier un gros morceau. Enfin, quelque chose cède et elle me raconte la manière dont elle vient de flinguer son dernier cachet.

Retour à Denfert-Rochereau. Sortie de RER. Pauline se sépare de son amoureux au teint hâlé. Deux changements plus loin, elle retrouve son appartement près du cimetière du Père Lachaise et la solitude qui l'accompagne. Si, les premières heures, le silence la plonge dans une torpeur ouatée, il ne tarde pas à l'angoisser. Elle se répète pour s'encourager que son nouveau béguin n'est pas loin, pas si loin. Ils vont se retrouver et combler l'espace de joie. Pour le moment, lui retrouve ses enfants. Pauline comprend, bien sûr. Elle, de son côté, retrouve ses potes et son quartier. Les jours passent et son téléphone reste muet. Elle se met à douter. Peut-être que ce qu'elle a pris pour un début d'attachement n'était que du vent. Peut-être n'a-t-elle pas compris la situation, pas cerné ce compagnon de tournage. Peut-être est-elle complètement à côté de la plaque. Pour mettre un terme au doute, elle décide d'appeler Marie.

Je la coupe dans son récit. Qui est Marie ?

Pauline se met à rire. Elle l'a citée comme une amie commune. Elle passe une main dans ses cheveux bruns coupés très court. Son embarras est palpable tandis qu'elle confesse consulter une cartomancienne prénommée Marie depuis des années. Pauline ne s'était jamais épanchée sur son goût pour l'ésotérisme. Je suis sa première oreille, j'en suis flattée. Elle se justifie : « Je ne peux pas raconter ça, tout le monde se paierait ma tronche. Vu le nombre de préjugés sur les artistes, je ne vais pas en rajouter une couche. » La gêne lui fait monter le rose aux joues. Marie et Pauline se parlent très souvent au téléphone. Elles ne se sont jamais rencontrées. Pauline vire cinquante euros sur le compte de la voyante dès qu'elles ont raccroché. Parler la soulage. Il y a trop d'incertitudes dans son quotidien, trop de déceptions aussi. Pauline se sent seule et responsable de tout. Si elle ne s'en sort pas, c'est qu'elle a merdé quelque part, d'une manière ou d'une autre. La moindre décision la plonge dans un état d'extrême tension. Elle a peur d'échouer, de manquer une bonne occasion, de s'enterrer dans une situation comme dans une relation. Tout est sans cesse remis en question. Résultat, elle se retrouve souvent paralysée, dans un état d'insatisfaction croissante, en attente d'un évènement déterminant qui lui enlèverait la possibilité du choix. En définitive, la liberté individuelle est devenue un fardeau. En creux, je décèle aussi dans son discours la crainte de lasser son entourage avec ses doutes permanents. Marie, elle, est toujours disponible. Marie, qu'elle paie pour être écoutée sans se sentir jugée. Marie, qui la brosse dans le sens du poil. Maintenant je sais qui est Marie. Pas de quoi se sentir embarrassée. Chacun calme comme il peut ses angoisses existentielles.

Donc, Pauline appelle Marie. La douce voix, devenue si familière (« une deuxième mère »), la rassure. Marie se montre positive.

— Vous avez un avenir tous les deux. Laisse-le venir à toi. Je le sens bien, j'en suis sûre, cette fois, ça va marcher. Tu verras.

Oui, avec les années, elles se tutoient. Pauline

raccroche et la paie en trois clics. Le soulagement détend son corps. Cinq minutes seulement. Et si Marie se trompait ? Elle se montre gentille, Marie, réconfortante. Elle va toujours dans son sens. Mais aujourd'hui, une brèche s'est ouverte. Ce n'est pas suffisant. Ce n'est plus suffisant. Le vide à combler s'est transformé en gouffre. Les mots racontés pour de la monnaie se fracassent contre la teneur du quotidien. Pauline ne voit pas ce qu'on lui promet et ne sent pas ce qu'elle voit. Un second avis pourrait lui être utile. Histoire de confirmer ou d'infirmer, dans tous les cas, d'être fixée.

Elle se déplace de son canapé à son bureau. Elle ouvre son ordinateur et tape « voyant » dans la barre de recherche des Pages jaunes. Des dizaines de numéros apparaissent. Elle lit tous les avis qui y sont accolés. Une femme, Delphine, lui inspire confiance. Elle affirme tirer les cartes depuis vingt ans.

Pauline l'appelle. Une voix, rauque, un brin nasillarde, répond avant de dérouler cash les conditions de paiement : « Trente minutes, soixante euros. » Pauline la rembarre : « Ce n'est pas la première fois, je connais le mode d'emploi. »

Elle trouve sa carte bleue sous une pile de papiers et annonce les chiffres. Le paiement met quelques secondes à être validé.

Delphine demande :

— Que voulez-vous savoir ?

La réponse fuse :

— Va-t-on se revoir ?

Pauline retient son souffle alors que Delphine tire les cartes.

— Oui, il va rappeler. Ça va marcher entre vous.

S'ensuit un échange chronométré durant lequel Delphine insiste pour que Pauline se détende et fasse confiance à la vie.

— Votre jeu est bon.

Les trente minutes sont écoulées. Pauline s'apprête à prendre congé quand la femme l'interpelle avec autorité :

— N'oubliez pas de mettre un avis positif sur Google !

Oui, oui. Pauline raccroche et réfléchit plusieurs minutes avant de conclure que Delphine ne l'a pas entièrement convaincue. Elle repart à la chasse sur internet. Cette fois, elle tombe sur le profil d'un homme plutôt inspirant, le genre à s'user les pieds à Rishikesh en Inde dans l'espoir d'une illumination. L'homme dit avoir un don. Il « entend ». Alors elle l'appelle.

La voix est grave, profonde. Il s'exprime lentement. Le règlement, puis la question. Le couperet tombe :

— Non, je ne le sens pas. Ça ne va pas marcher.

Qu'est-ce qu'il en sait ce con ? Elle aurait dû choisir Katia qui affirme sur son site que son intuition ne l'a jamais trompée. Cette voyante semble terre à terre, solide, carrée. Elle habite Nancy, c'est sympa Nancy.

Elle compose le numéro de Katia. Règlement, question, réponse.

— Je le sens. Oui, oui, je vois une certaine harmonie. Vous êtes entourée de bonnes ondes, ça marche pour vous, non ? Continuez sur cette lancée, le reste va arriver.

Pauline raccroche, perdue. Il y a tellement de mots dans sa tête, tellement de voix qui l'accaparent, qu'elle ne sait plus rien, ne sent plus rien. Et le gars de Denfert-Rochereau qui s'occupe de ses enfants et n'imagine pas une seconde dans quel état cette relation de merde la plonge.

Elle contacte une autre voyante, elle ne retient même pas son prénom. La femme décroche, Pauline donne les chiffres de sa carte bancaire, direct, c'est à peine si elle dit bonjour, elle s'en fiche. Elle ne souhaite que la sentence. « Le jeu est noir, vous êtes tendue. » Elle raccroche. Elle en joint un autre. C'est comme jouer aux machines à sous. Ça va bien finir par tomber. Dans son cas, ce ne sont pas des pièces qu'elle espère, mais un autre truc, du genre, la sérénité. Elle appelle. Encore et encore et encore. La nuit lui accorde un peu de répit. Elle s'endort la tête lourde, se réveille dans le brouillard pour se remettre en quête d'une réponse, alors elle recommence et les avis se télescopent. Une voix succède à une autre. Et c'est ainsi pendant des jours. Elle a épuisé la liste de contacts qu'elle a trouvés potables d'après la notation en ligne.

À la fin de la semaine, elle reprend la liste depuis le début. Elle rappelle Delphine. Avec le recul, les prédictions de la voyante ont gagné en pertinence. Ou bien, comparée aux autres, Delphine n'était pas si mauvaise. À présent, Pauline lui prête du sérieux. Elle a besoin d'une personne fiable qui prenne en charge sa souffrance. Immédiatement. Faut colmater la plaie. Pas la soigner.

Delphine décroche. Pauline s'annonce. Peu importe qu'elle ait déjà appelé, le tarif ne change pas. « Trente minutes, soixante euros. » Pauline paie.

— Votre question ?

— Vous aviez vu dans les cartes qu'on allait se revoir. Je n'ai aucune nouvelle de lui.

— Hum, hum...

— J'aimerais savoir.

— Putain, c'est quoi ce délire ? Ils ont mis un radar après le pont ces enculés ? ! T'as vu ça Régine ?

Pauline entend en arrière-plan les jurons d'une inconnue. L'effroi la tétanise. Le choc lui coupe toute verve, tandis que l'image d'une mégère au volant se matérialise dans son esprit. Delphine est une femme lambda qui passe ses samedis à Auchan pour faire son plein de courses, financé par les appels des désespérés. Comprendre l'entourloupe est tellement humiliant. Pauline n'ose pas raccrocher. Elle se tait et attend.

Moi aussi, j'attends.

Pauline ne parle plus.

Je me tourne vers elle.

Elle me regarde avec effroi, avale sa salive et attrape

une bouteille d'eau dans son sac. Je me garde de poser des questions même si je suis désireuse de connaître la suite.

Plus tard, Pauline me raconte que, pendant des jours, elle a appelé des voyants trouvés en ligne, mue par un sentiment d'urgence tourmenté. Elle était consciente d'être la proie de charlatans mais ne pouvait pas s'en empêcher. Ses émotions la tenaient en esclavage. Piochés au hasard et payés à la minute, des hommes et des femmes sans visage se sont contredits sur son sort. Ils l'ont rassurée, bousculée, séduite, dénigrée. Elle a fini par être dégoûtée. En plus d'être fauchée. Et le garçon de Denfert-Rochereau ? Elle ne l'a jamais revu.

Une pluie fine se met à tomber. Nous sommes bientôt arrivées à destination. J'ai envie de retenir le temps pour continuer à discuter. La voiture roule au pas. Un escargot sur la quatre-voies. Pauline, elle, me touche le bras.

— On pourrait faire un détour par Brocéliande, non ? On a de la marge avant la soirée, et puis, ça ne se fait pas d'arriver en avance, à l'heure, passe encore, mais en avance, c'est terrible pour les hôtes.

Je me dévisse le cou pour la dévisager.

— T'es sérieuse ?

— Complètement.

Elle veut voir Lina. Pour se justifier, elle élabore un argumentaire compliqué dont j'extrais l'idée principale : rendre visite à la voyante la sortirait d'une spirale addictive. Le raisonnement est aussi percutant que celui d'un fumeur qui prendrait une cigarette pour arrêter de fumer.

Je n'ai rien contre les fumeurs. Au pire, Pauline se fera engueuler pendant une heure.

Je rentre l'adresse de Lina dans le GPS et prends la première sortie. Pauline éclate de rire et bat des mains. « On arrivera en retard à la soirée. Peut-être même qu'on n'ira pas. Faire la fête le 31 décembre, c'est surfait. »

Nous roulons en direction de la forêt depuis une heure, déjà, quand l'évidence nous frappe : nous ne sommes pas attendues.

La probabilité pour que Lina soit sortie est élevée, surtout un soir de Nouvel An. La probabilité pour qu'elle soit présente mais occupée est tout aussi élevée.

Pauline veut l'appeler. Je m'y oppose. Nous ne sommes qu'à soixante kilomètres. Autant aller jusqu'au bout et débarquer à l'improviste. Ma méthode est barbare, voire agressive, mais elle a fait ses preuves dans le passé. Prendre l'autre par surprise donne de bons résultats. Je l'explique à Pauline qui me dévisage comme si elle découvrait à ses côtés un agent du KGB.

Je ne fais rien pour apaiser ses craintes. Une autre méthode barbare. J'ai bel et bien repris du poil de la bête. M'être relevée d'une chute m'a rendue coriace.

Nous sommes en planque devant sa maison. Le téléphone de Lina est éteint. Nous lui avons laissé trois messages. Plongées dans notre délire, nous ne sommes pas prêtes à repartir.

Branchées sur Nostalgie, la seule station que nous captons, nous chantons à gorge déployée sur des vieux tubes d'Eddy Mitchell et de Françoise Hardy.

Planquer devant une baraque en pleine nuit réveille ma vocation ratée de détective. Nous aurions pu prendre une chambre dans un hôtel à quelques bornes. Mais non. Nous y passons la nuit. Nos mains et nos pieds engourdis par le froid nous poussent à sortir de la voiture pour taper un sprint sur cent mètres et revenir à petites foulées. Par chance, nous avons du champagne dans nos valises. C'est soir de fête. Les gorgées nous réchauffent. Les chips, les tomates cerises et les olives nous restaurent. L'alcool trompe la faim momentanément, en plus de nous endormir. Quand le jour se lève, nous sommes affamées. Et épuisées. À défaut d'une boulangerie, nous trouvons un bistrot ouvert dans le village en contrebas de la maison. Ses habitués ne bougent pas d'un millimètre quand nous entrons, déjà concentrés sur la bibine bien fraîche de ce 1er janvier.

Nous commandons chacune un steak-frites, soulagées de trouver une cuisine ouverte à une heure aussi matinale. Nous sommes en veine. Je m'étonne – et félicite le patron pour cette amplitude horaire. Il hausse un sourcil. Je passe pour la Parisienne ébahie de trouver de l'activité chez « les ploucs ». Peu importe, j'ai faim. Pauline se met dans un coin pour dessiner dans un carnet. Moi, j'écoute les conversations, sans rien apprendre de consistant, si ce n'est les dates de l'ouverture de la chasse. Un moment, n'y tenant plus, je lance à l'assemblée :

— Vous connaissez la voyante qui vit sur les hauteurs ?

Le tenancier, dans un geste qui me rappelle un personnage de Jean-Pierre Jeunet, jette son torchon sur l'épaule et s'appuie d'une main sur le comptoir.

— Lina ? Elle tire les cartes à toute la région.

Je feins la surprise pour l'encourager à poursuivre. Ce qu'il fait :

— Elle s'est mise en couple avec son beau-frère, le boulanger.

Je hausse les épaules, les ragots sur sa vie privée,

je m'en cogne. Miraculeusement, le type comprend le message. Il m'annonce sur un ton qui trahit la fierté de fréquenter une petite célébrité :

— Elle a tenu pendant des années une émission sur la radio Ploubaz FM. Les gens l'appelaient pour poser des questions. Elle est même passée à la télé !

Je le bombarde de questions, victime malgré moi de l'effet télé. Quelle chaîne ? Quelle année ? Quelle émission ? Le gars est ravi d'avoir capté mon intérêt. Mais il n'en sait pas davantage. Il mitonne deux ou trois infos, hélas, bien vagues.

— C'était un soir, il y a des années, sur Antenne 2, non, Antenne 3 pardon.

Son imprécision m'irrite, j'ai l'impression de perdre mon temps. Ce qui, dans les faits, est le cas depuis vingt-quatre heures. L'envie impérieuse me prend de nous tirer d'ici. Pauline a levé le nez de son assiette qu'elle a saucée avec du pain. Elle me regarde, l'œil brillant, et je sens qu'elle cherche à me lire sans me parler. Elle hésite sur la tonalité de mes pensées avant de trancher :

— Tu veux un dessert.

Ce n'est pas une interrogation, mais bien une information, qu'elle pense avoir extraite de ma conscience. Je suis sur le point de répondre, en jouant à chaud ou froid pour lui donner du grain à moudre, quand la porte du bistrot s'ouvre dans un grincement. Un jeune homme brun entre. Il commande un café au comptoir, après avoir serré quelques mains et souhaité, comme il se doit, la bonne année. Le tenancier fait un signe de tête dans notre direction en s'adressant à lui :

— Les filles cherchent ta grand-mère.

Dans mon métier, on attribue ce genre de hasards à la chance du reporter.

Il s'appelle Thibaut et il l'adore, sa grand-mère. Je le comprends à sa manière d'apprécier la situation sans être sidéré par notre requête. Ce qui moi me sidère alors qu'une pensée prétentieuse me traverse : « Tiens, il n'a pas honte de la voyance. » Je me trouve arrogante. Lui comprend notre désir de voir Lina et s'empresse de mettre fin à notre attente. Sa grand-mère, nous dit-il, a passé les fêtes de fin d'année chez sa sœur à quelques kilomètres d'ici, elle va revenir d'une minute à l'autre. Cette nouvelle nous apaise et la conversation se poursuit sur un ton léger. Il nous parle de sa famille, assez soudée. Ils vivent tous à proximité les uns des autres, « à part ma mère qui a refait sa vie ailleurs et qui méprise ma grand-mère » et, au fil des anecdotes, celle que je nomme « la voyante » gagne en humanité et se métamorphose en femme. Je réalise que mon ignorance l'a soustraite du commun des mortels.

Jeannick, qui se fait appeler Lina uniquement par ses clients, a grandi dans les Côtes d'Armor dans un minuscule patelin en bord de mer. Elle s'est mariée avec un marin dans les années 1960, comme beaucoup de femmes de son époque et de sa région, biberonnée par l'activité maritime. Elle a donné naissance à trois enfants, deux filles et un garçon. Thibaut est le fils de l'aînée. Tout en écoutant son récit, je sens poindre chez moi une forme de frustration. Je veux du sensationnel. Or ce qu'il raconte me semble bien fade. Je lui demande s'il se fait tirer les cartes. Parfois, me répond-il, mais sa grand-mère ne tient pas à exercer son « don » (il emploie ce mot en parlant de sa pratique) auprès de sa famille, dans la crainte d'y lire un drame. « Elle est douée, son intuition l'a rarement trompée. Elle a pressenti la mort de grand-père. » Thibaut me raconte en détail le « flash » de sa grand-mère (qu'il appelle par son prénom, Jeannick) comme s'il l'avait lui-même vécu. C'est ainsi que j'apprends le triste sort du grand-père et le mythe familial autour du « rêve orange ». Et la journaliste pense : impossible d'attester la véracité d'un rêve.

Ils se sont rencontrés dans un café. Lui s'appelait Hervé et se déclarait fou, tant la tête lui tournait à la vue de cette jolie blonde. Jeannick, elle, s'amusait de son trouble. Une façon de masquer ses sentiments véritables car elle avait su, dès les premiers instants, que c'était lui. Aucune résistance en elle face à cette fulgurance. C'est comme ça. Rien n'est plus simple qu'un premier amour. Ils se sont mariés quelques mois plus tard.

Les années étaient rythmées par les embarquements. Hervé partait en mer six mois par an. Jeannick disait fièrement que son mari était employé « dans une bonne compagnie ». La Société navale caennaise, entreprise familiale, est née du négoce de charbon et des minerais de fer entre la France et l'Angleterre au XIXe siècle. Cent ans plus tard, ladite compagnie pouvait se targuer d'avoir traversé deux guerres mondiales. Ironiquement, elle n'a pas survécu au raid de Bolloré dans les années 1980. Hervé n'a jamais eu l'occasion de gueuler son désarroi face aux assassinats orchestrés par le libéralisme.

Il court un grave danger. À des centaines de kilomètres, Jeannick s'est réveillée en sursaut. Son rêve était puissant. Elle a vu son mari tomber dans un trou orange, essayer de remonter, puis tomber de nouveau. Le songe lui a laissé une impression très forte. Debout, elle s'est sentie dériver. Pendant deux jours, elle a flotté, comme saoule, dans un nuage orangé. Jusqu'à l'annonce. Jeannick lisait une histoire aux enfants quand trois coups ont résonné à la porte. Les hommes n'ont pas eu besoin de se présenter, elle avait reconnu l'uniforme de la SNC. Ils l'ont suivie jusqu'à la cuisine. Les restes du dîner traînaient encore sur la table, petits pois purée, les gamins adorent. Ils lui ont demandé de s'asseoir. L'un d'eux s'est raclé la gorge avant d'articuler le mot « accident ». Jeannick est priée de faire ses valises, une place sur le prochain vol en direction de Marseille a été réservée à son nom. Les enfants sont confiés à une voisine.

À l'hôpital de la Timone, elle est accueillie par un homme dont le grade se devine au maintien. Le capitaine d'armement a affiché un air grave. Hervé est plongé dans le coma avec la colonne vertébrale brisée, à la suite d'une chute. Jeannick a balbutié quelques mots. En vain. Il n'y avait rien à dire. Elle voulait voir son mari. Elle a rencontré un corps inerte. Elle est sortie de la chambre en suffoquant. Le capitaine l'attendait. Il l'a guidée vers la sortie à travers le dédale de couloirs et l'a informée qu'elle était attendue sur le navire. Quand Lina est montée à bord, elle a trouvé l'équipage en rang sur le pont. Les têtes se sont inclinées sur son passage, elle a lu la tristesse dans leurs regards. Le capitaine lui a déroulé les faits. Un jour de houle, Hervé est descendu dans la cale. La gîte l'a fait trébucher. Il est tombé. S'est relevé. Avant de retomber. Le cœur de Jeannick s'est mis à cogner. Cette histoire lui semblait familière. Elle pourrait vomir, là maintenant, en penchant le visage par-dessus bord. Elle a tenté de se ressaisir. Ses jambes peinaient à la tenir à la verticale. Le capitaine, imperturbable, solide ou habitué, l'a aidée à descendre les marches qui mènent à la cale. Jeannick découvre le ventre du navire et des murs passés au minium, un enduit à la teinte orangée pour lutter contre la rouille.

Un coup sec nous fait tous sursauter. Le tenancier a abattu une mouche d'un coup de torchon. Pauline pousse un cri.

— Mais enfin, qu'est-ce qui vous prend ?

Son regard furibond n'impressionne nullement le type qui rétorque :

— Elle dérangeait les clients.

La mort de la mouche sonne notre départ. J'ai du mal à convaincre Pauline de payer l'addition tant le meurtre de l'insecte l'a ébranlée. Je règle la totalité de la note pour mettre fin à la tension, attrape mon amie par la manche et la tire dans la rue. La prise de distance avec le cadavre calme Pauline. Thibaut nous suit et tous les trois, nous prenons la route qui serpente jusqu'à la maison. Une Clio blanche est garée dans l'allée. Nous crions à l'unisson :

— Elle est rentrée !

Au même instant, la porte s'ouvre. Lina apparaît sur le seuil. Elle sourit à la vue de son petit-fils. Lorsqu'elle nous aperçoit, elle affiche une mine étonnée. Elle ne me situe pas. J'en déduis qu'elle est peu physionomiste, ce qui me surprend avant de me plaire. Nous repartons de zéro.

Je ne dis rien qui rappelle ma précédente visite, laissant son petit-fils faire les présentations. Thibaut lui raconte notre rencontre au bistrot. Je regarde mes pieds. Pauline, les fleurs. Nous paraissons timides, pourtant si près du but, comme si la réalité dégonflait la joie éprouvée par la projection de l'évènement. Sans creuser davantage, Lina nous invite à entrer dans son salon.

— Qui commence ?

Pauline et moi nous tournons l'une vers l'autre. Pauline me sonde du regard. Je sens qu'elle va succomber à son désir de télépathie. J'y coupe court en la pointant du doigt.

— Elle.

De la lâcheté pure et simple. Je gagne du temps.

Pauline disparaît dans la chambre d'amis avec la voyante. Je me retrouve seule, Thibaut est rentré chez lui. Si j'avais l'âme d'une détective, je fouillerais sa baraque. Je n'en fais rien. Je m'assois dans un fauteuil à bascule et fixe l'écran plat gigantesque, et éteint, qui trône sur un meuble.

Au bout d'un moment, j'entends des bruits qui semblent provenir du garage (cette fois-ci, j'ai jeté un coup d'œil à la configuration de la maison). Les sons s'amplifient, comme si quelqu'un traînait des objets lourds sur le sol. Je me lève pour découvrir qui est à l'origine du vacarme. Je sors de la maison et m'approche du garage. Une femme d'une cinquantaine d'années fouille dans des cartons. L'opération lui demande un effort considérable car elle s'y prend à une main. Son bras gauche est immobilisé par une attelle. Elle lève la tête à mon arrivée.

— Vous êtes ?

Je décline brièvement mon identité et lui retourne la question.

— Je suis sa fille.

— La mère de Thibaut ?

— Non, la cadette. Je m'appelle Angélique.

Elle me dévisage longuement. Ses yeux sont d'un vert très clair. Elle sort une clope d'un paquet qui traîne sur une étagère, la met à sa bouche, puis tapote toutes les poches de son jean avec sa main valide. Elle me regarde, je saisis la question sans qu'elle ne la prononce « non, je n'ai pas de briquet » lui dis-je. Elle hausse les épaules, prend les clés suspendues à un clou, ouvre la porte du garage et part vers la Clio. Je reste à l'intérieur et continue de l'observer. Elle attend que l'allume-cigare chauffe en fixant le fossé. Elle paraît perdue ou agacée. Je me demande ce qu'elle fiche ici, un 1er janvier. Une fois sa cigarette allumée, elle revient vers moi. Je veux savoir, parce que c'est mon sujet et qu'elle est plantée là, si elle aussi tire les cartes. Sa réponse est évasive. Elle s'y est adonnée un temps mais le jeu n'a pas pris. Elle conclut d'un « Oh, vous savez les cartes », signifiant ainsi le peu d'importance qu'il faut accorder à cette pratique divinatoire. Je le prends comme une attaque envers mes questions naïves. Plus tard, je comprendrai que ses flèches visent sa mère. Lina.

Refroidie par son animosité manifeste, je retourne dans le salon. J'attends. La séance dure depuis trois quarts d'heure, quand j'entends la voix Pauline à travers la cloison. Je ne peux pas discerner distinctement ses propos mais, à son intonation, je devine qu'elle pose des questions. Spontanément, je juge qu'elle livre trop d'informations, ce qui va fausser l'interprétation des cartes. Je me découvre ainsi des idées toutes faites. C'est toute une mémoire collective, pétrie de mythes et de magie, qui affleure à ma conscience. Une société baignant dans la fiction, où s'affrontent, depuis des siècles, ceux qui pratiquent la sorcellerie et ceux qui la répriment. Cette dualité subsiste en moi. Je crois Lina tout en réprouvant sa pratique. Je suis fascinée et gênée de l'être. Ces paradoxes ne me menacent pas. Je me laisse porter. Parce que la situation me divertit.

Elle m'amuse beaucoup moins quand je vois l'expression défaite de Pauline. Elle vient de traverser le salon sans me jeter un regard, les joues pâles et les lèvres serrées. J'en ai un pincement au cœur. Quelques secondes plus tard, Lina se tient devant moi.

— À vous.

J'hésite. La suivre ou rejoindre Pauline ? Lina perçoit mon trouble :

— Votre copine va s'en remettre.

Cette femme me fout les jetons. Les consultants doivent lui paraître un peu pathétiques et tous semblables, dans le fond, eux qui cumulent vices, dettes et sentiments contrariés. Eux qui s'en remettent à son interprétation des cartes pour se sortir de l'impasse. Je ne suis pas si différente de cette cohorte qu'on met trop facilement dans la catégorie des faibles ou des victimes. D'ailleurs, ne devrait-on pas y mettre tous ceux qui croient, en règle générale, en Dieu et en l'amour ? Ce sont des croyances aussi absolues, après tout. Et pourquoi pas, tous ceux qui ingurgitent des antidépresseurs, des substances chimiques, des litres d'alcool pour oublier l'impossibilité de se conformer à la société. Tous ceux qui gobent des somnifères pour trouver le sommeil. Tous ceux qui appellent les numéros verts antisuicide pour lâcher la souffrance insondable de se sentir isolés. Tous ceux qui se sentent brisés. Tous ceux qui idolâtrent leur psy. Tous ceux qui doutent et tous ceux qui ont peur. Aucun sac ne serait assez grand pour contenir la somme des malheurs humains.

Lina me donne une petite tape sur l'épaule pour me sortir de ma rêverie. Je la suis et m'assois sur la chaise, face à la table minuscule. Elle s'assoit à son tour et attrape son premier jeu. Elle bat les cartes avant de les disposer devant moi. « Prenez-en treize. » Ma main droite s'arrête dans les airs. Elle se retire et laisse faire la gauche. Mon cerveau est en pilotage automatique. Je suis ici, autant jouer jusqu'au bout. Il y a un brin de manipulation dans ma démarche. Je veux aller dans son sens pour ensuite la questionner. Même si un tel calcul n'est sûrement pas nécessaire. Rares sont les êtres qui rechignent à se faire entendre et Lina m'a déjà montré qu'elle aimait se livrer. Et puis je n'ai pas l'intention de la coincer d'une quelconque manière. Je ne sais pas vraiment ce que je cherche. Je crois que, avant tout, j'ai envie de mieux la cerner.

Le tirage se révèle instructif. Encore une fois, je ne

prononce pas un mot. Elle évoque mon flirt avec le marin. L'histoire patauge. Elle le perçoit tout de suite. Son ton gagne en assurance à mesure qu'elle lit les cartes, comme si elle marquait son territoire : c'est elle qui parle, c'est elle qui voit, c'est elle qui sait. D'ailleurs, elle me tutoie.

— Y a du pique. Y a trop de pique. T'es pas heureuse avec lui. Je ne suis pas sûre que ce soit le bon pour toi. Il aime pas les femmes modernes. Tu mènes ta vie. T'es indépendante. T'es ambitieuse, peut-être un peu trop. Ceux qui veulent aller trop haut, souvent, ils se cassent la gueule. Lui, il veut que sa femme reste à la maison. Qu'elle soit là quand il rentre. Ce sera houleux entre vous.

Elle n'a pas tort. Je suis déçue, malgré tout. J'imaginais une forme d'égalité. Nous voyageons autant l'un que l'autre et nous avons en commun le goût des expéditions maritimes bien que notre rapport à l'océan soit distinct. J'y vois l'horizon, la perspective d'un ailleurs, la promesse d'une aventure. Il y voit un gagne-pain, une routine addictive. En mer, il oublie la terre et ce qui fait société, autrement dit, les autres. Les retours se révèlent compliqués. Le fantasme a comblé la distance et les effets du temps. La confrontation avec la réalité peut être violente.

Malgré cela nous aurions pu nous ajuster. Je suis peut-être trop optimiste.

Lina est d'autant plus convaincue de notre mésalliance qu'elle en connaît un rayon sur les marins.

— Je sais de quoi je parle. Mon mari était comme lui. Quand il débarquait, fallait que je sois présente, à sa disposition. La mer déforme les esprits. On ne sait pas trop ce qu'ils traversent ces bonshommes, ils reviennent déphasés, ne veulent rien faire d'autre qu'être à la maison. Ils n'ont aucun sujet de conversation. Veulent juste manger et avoir une femme dans leur lit. Mon mari, quand il rentrait, il me demandait de rester à côté de lui, je dis pas sans bouger, mais presque. Il est mort. J'étais jeune. Les enfants aussi. Il a eu un accident et j'en ai rêvé, je l'ai su avant qu'il se produise.

Elle me raconte son rêve orange. Sa version colle avec celle de son petit-fils Thibaut. Les yeux de la voyante se sont voilés à l'évocation du passé. Elle revient subitement au présent pour affirmer que mon histoire ne vaut pas trois cacahuètes.

— T'es pas amoureuse. Tu en trouveras un autre. Un homme fait pour toi. Tu te remettras vite. Tu penses souffrir mais c'est pas ça, la souffrance. J'en vois des filles de ton âge qui se plaignent après une rupture. Le drame d'une vie, c'est de perdre un enfant. J'ai perdu mon fils.

Décidément. Existe-t-il une loi selon laquelle le drame s'acharnerait sur les mêmes jusqu'à ce qu'ils aient craché toutes leurs dents ? Est-ce une affaire de classe sociale ?

J'imagine difficilement un cadre supérieur tomber dans un trou orange.

Mon stratagème pour la faire parler était parfaitement inutile. Lina a envie – voire besoin – de se confier. Je l'écoute me raconter sa plus grande souffrance, ce fils fauché dans sa jeunesse dont elle a pressenti la mort. Dans quelle mesure son « don » serait-il un avantage ? Si encore Lina pouvait influer sur le cours des évènements. Mais la voyante, d'après ses dires, apprend en avant-première que le sort va s'acharner, sans rien pouvoir y changer. Peut-être s'y est-elle accoutumée et s'attend-elle désormais à une roue prête à tourner dans le mauvais sens. On ne projette sur le futur que la continuité de notre présent.

— Il venait de déménager dans une résidence près de Saint-Brieuc, se rappelle Lina. Avec l'une de mes filles, on l'a aidé pour le ménage. Y avait une piscine en bas de son appartement. Je me rappelle très bien. On est descendus, il voulait se baigner. Il faisait beau ce jour-là. J'avais un appareil photo dans mon sac, je voulais le prendre en photo, mais je pouvais pas, je le regardais, je voulais le photographier, mais je pouvais pas, je pouvais pas sortir mon appareil et le pointer sur lui, comme si je sentais, je sais pas, ce qui allait se passer, qu'il allait… Tu vois ? Le lendemain, je l'ai appelé, sur ses deux lignes. Il a pas décroché. J'ai envoyé ma fille chez lui. « Il est mort », qu'elle a dit. (Lina pousse un long soupir comme un cri silencieux. Je n'ose pas l'interrompre pour lui demander de quelle manière son fils est décédé. Sa mort restera un mystère. Je lui laisse quelques secrets.) C'était affreux. Un deuil épouvantable, très long. Je ne sortais plus de la maison, je recevais les clients en robe de chambre, c'est dire si j'étais mal. Je suis allée voir un thérapeute, pourtant c'est pas mon truc, mais j'avais besoin d'aide. Le psy ne disait jamais rien, il prenait des notes dans un carnet, en silence, il me laissait parler toute seule. À la fin, je lui ai demandé : « M'enfin, à quoi vous servez ? »

Il est certain que sa méthode avec ses clients diffère de la psychanalyse.

— Et puis, un jour, une amie est venue sonner à ma porte, « Allez, on sort », je l'ai suivie et on est allées à la plage. Je me suis baignée, j'ai nagé, je me suis promenée. Les jours qui ont suivi, je me suis forcée à sortir. Accompagnée ou seule. Un jour, je suis allée au cinéma voir *La Famille Bélier* et là, en entendant Louane chanter « Je vole », j'ai eu un déclic. En sortant de la séance, j'ai appelé ma petite-fille, celle dont je suis proche, tu sais ? (J'ai dodeliné de la tête, oui, oui, la petite-fille qui fait ses études supérieures à Toulouse, je m'en souviens.) Je lui ai dit que je voulais apprendre par cœur « Je vole ». Je l'ai chantée pendant des mois, cette chanson, elle sortait de mes tripes. C'était très fort. Plus je chantais, plus ma douleur s'apaisait. Mon compagnon, Daniel, jouait du synthé et ensemble, nous avons été invités dans des maisons de retraite. Peu à peu, j'ai retrouvé l'envie de vivre, en voyant les personnes âgées chanter « Je vole ».

Lina se frotte les bras, « la chair de poule », puis secoue la tête pour revenir aux cartes, elle était partie très loin dans ses souvenirs.

— Bon, ton garçon, tu auras de ses nouvelles. Je vois un rendez-vous pour une explication. À toi de décider. Il y a une femme enceinte autour de toi. Qui est enceinte dans ton entourage ? Tu penses être enceinte ? Tu voudrais le garder ? Tu fais comme tu veux. C'est à toi de décider et puis tu as le choix. Tu es jeune. Si ce n'est pas avec lui, ce sera avec un autre.

Je rougis. Elle n'a pas besoin d'une réponse. Il y a des éléments qui m'appartiennent et que je ne livrerai pas à cette table. Je tire de nouveau treize cartes, les jeux se succèdent. Passé, présent, futur.

Lina touche plusieurs cartes et les compte en suivant une logique totalement obscure pour les néophytes dans mon genre, avant de conclure qu'un homme amoureux se trouve dans mon entourage.

— Tu le connais.

Je suis perplexe. Non, vraiment, ça ne me dit rien. Elle insiste, je nie, elle insiste.

— Si, si, je te vois très amoureuse aussi.

Un souvenir remonte à la surface. Je l'écarte vivement de mon esprit. Pas lui, impossible.

— Non, ça ne m'évoque rien.

— Pourtant, je le vois. Il est dans ton jeu. Un homme sympathique qui te correspond.

Ma rencontre avec la voyante bascule à ce moment précis. Lina a créé une entaille avec ses insinuations. J'en garderai la cicatrice. Il y a des choses que l'on sent, des casseroles qui traînent à nos pieds et dont, consciemment, on ignore le bruit, pour ne pas rouvrir de vieilles blessures. Un homme dont je serais amoureuse, je n'en vois qu'un : l'homme marié. Celui de mes débuts de journaliste.

L'idée me semble délirante au point de refuser de la formuler. Nous ne nous sommes pas revus depuis des années. L'histoire était inconcevable. Elle le serait encore aujourd'hui. Surtout, je ne me suis jamais avouée « amoureuse » de lui. Troublée, attirée, émue, oui, amoureuse, non, le terme ne collait pas avec le cadre dans lequel on évoluait. Certes, il m'est arrivé de repenser à lui mais sans m'attarder, refusant de reconnaître des sentiments qui auraient entraîné des souffrances inutiles. Mes émotions ont été tenues en laisse. Elles ont formé un magma qui, aux mots de Lina, ne demande qu'à jaillir comme un geyser.

Je secoue la tête et le souvenir de cet épisode s'évanouit. C'est fou comme mentir à soi-même est facile.

En toute honnêteté, je réponds : « Non, vraiment Lina, je ne vois pas de qui tu parles, je ne suis pas amoureuse. » Elle me dévisage, sceptique, et conclut :

— Il est sur ton chemin.

Elle me regarde droit dans les yeux et je la pense folle.

— Sinon, le reste ?

Je change de sujet pour qu'elle s'éloigne de ce terrain glissant.

— Vous devriez écrire sur l'amour.

Tiens, elle me vouvoie de nouveau. Je suis de nouveau concentrée. Elle avait fait la même recommandation lors de mon précédent tirage. Se rappelle-t-elle notre rencontre ? Je relève la tête du jeu pour la sonder du regard. Non. Elle ne me reconnaît pas. Peut-être projette-t-elle son propre désir ? La perche est tendue, je la saisis et propose un entretien.

— Justement, Lina, je me disais, avec votre expérience de voyante, vous avez dû en entendre des histoires. L'amour n'a plus aucun secret pour vous ! J'aimerais écrire sur le sujet, mon angle est encore à définir, je vous passe les détails, c'est ma petite tambouille interne. Je me demandais si vous accepteriez une interview. Mes questions ne sont pas bien compliquées, non, non, j'aimerais juste savoir ce que racontent vos consultants… Je suis curieuse.

— On commence par où ?

Je ne m'attendais pas à tant d'enthousiasme et dois mettre la séance sur pause.

Après cet échange, Lina ne me lâchera plus. Je recevrai des mails et des textos au fil des mois. Son empressement à lire mon travail m'agacera. Il me mettra dans la position inconfortable d'une obligée. Je craindrai le conflit lorsqu'elle découvrira mon récit où je laisserai transparaître mon scepticisme. Lina ne lit pas dans mes pensées, contrairement à ce que son intuition pourrait laisser croire. Si, face à elle, la femme s'affiche fragile, la journaliste, mutique et illisible, prend des notes. Cette dernière, Lina ne la connaît pas.

Il me faut retrouver Pauline avant de lancer l'interview. La voyante est avide de se livrer. Elle va parler pendant des heures, je le sens. Et moi qui manigançais pour l'amener à se confier. J'étais bien à côté de la plaque. Une voyante ne demande, par principe, qu'à voir son expérience validée.

Je sors de la chambre, pressée de désirs contradictoires : m'isoler, être avec mon amie, retrouver mon appartement, m'installer chez Lina, écrire, oublier cette femme, la filmer. Regarder la souffrance en face. Convoquer mes fantômes. Oublier.

La seconde suivante, je fais face à Pauline. Elle me fixe, adossée à la voiture, fumant une cigarette.

— T'as envie d'un dessert.

Son sourire ironique me rassure. Elle a repris des forces. Elle inspire la fumée et fait une grimace piteuse. Elle a arrêté la cigarette des années plus tôt. Je mets une main sur son épaule. Elle m'avoue que c'est sa troisième en une heure. Elle tape dans le paquet d'Angélique. À l'évocation de cette dernière, je me mets à sa recherche. Où est-elle ? Décidément, ma curiosité me lance dans des quêtes bien improbables.

— Dans sa chambre.

Elles ont papoté en m'attendant. Pauline m'apprend qu'Angélique se trouve dans une situation financière compliquée à la suite d'une séparation.

— C'est son ex qui lui a disloqué le bras.

La fille a trouvé refuge chez la mère, le temps de se voir attribuer un logement social dans la ville voisine. En ce moment, elle vivote avec les minima sociaux. Désolées, nous restons silencieuses face à ce énième constat de violence conjugale, et finalement, de dénuement. Je finis par lui demander comment s'est passé son tirage de cartes. Pauline pousse un soupir. Je comprends le message : nul ne peut la soustraire de ses doutes, pas même Lina.

Je n'insiste pas davantage. Pauline me retourne la question. Je lui résume mon tirage et lui fais part surtout de mon désir d'interroger Lina. Elle acquiesce, arrangeante comme toujours.

— Prends ton temps, je descends au bistrot.

Pauline avertie, je me sens plus libre de mes mouvements. Je retourne à l'intérieur. La mère et la fille sont assises à la table de la cuisine. Penchées l'une vers l'autre, elles parlementent. Elles se taisent à mon arrivée. Je devine une tension. Lina me désigne le couloir qui mène à la chambre d'amis.

Ainsi commence notre premier entretien officiel.

Nous nous installons autour de sa table minuscule. Ses jeux sont alignés sur sa gauche. Elle les touche sans cesse quand elle parle.

Je lui demande l'autorisation de l'enregistrer et pose mon téléphone sur la table. Je l'écoute pendant presque trois heures. Je reste concentrée.

Dans la chambre de Lina, nous ne sommes que deux : la journaliste et la voyante. Les consultants sont absents. Ils ne défileront pas sous mes yeux, comme j'aurais pu l'espérer, moi qui me projetais tapie dans un coin de la pièce. Je ne les croiserai ni aujourd'hui ni demain. J'en connais déjà quelques-uns, ou plutôt quelques-unes. Célestine, Mado et Pauline, et puis les amis d'amies. L'entourage de Mado s'est pris au jeu. Tous originaires de Bretagne, ils vont un par un rendre visite à la voyante.

La réputation de Lina s'est ébruitée à la vitesse de l'éclair. Son nom a jailli dans les conversations.

« T'as demandé à Lina ? » On la cite comme le druide du village, toujours avec un rire dans la voix, pour avoir l'air lucide. On y croit sans paraître y croire. C'est un mouvement de balancier, en fonction des humeurs et des lieux. La situation nous échappe.

Mado me dit : « Les gens jugent. Ils nous pensent désespérées. Tu ne te rends pas compte. » Je ris. Ils ont bon dos, ceux qui jugent.

Si Mado s'inquiète de sa réputation, je m'inquiète davantage de celle de Lina. Elle a dû s'en prendre plein la gueule en exerçant un métier pareil. Comment une femme peut-elle s'adonner à une pratique dite irrationnelle, parasitée par les pires charlatans, dans une époque où l'écart vis-à-vis de la norme est massivement décrié, et garder la face ? La cartomancie est si éloignée de mon univers que je ne conçois pas qu'on puisse en faire un métier. Qui se lève un matin en se disant : je vais monter une autoentreprise de voyance ? Ma surprise ne dévoile que ma conception du monde.

Lina puise sa légitimité auprès de ses clients, elle n'est pas enferrée dans un délire, elle a une place dans cette société, consolidée par toutes celles et tous ceux qui viennent la voir. J'aimerais croire qu'elle ne s'est jamais dénigrée. Je projette sur elle une assurance qui me fait défaut, une capacité à assumer son intime conviction. La fierté que je perçois dans son regard me plaît. Je vois qu'elle n'a pas courbé l'échine. C'est cet éclat qui me pousse à m'intéresser à elle, quitte à laisser libre cours à ma subjectivité. Ai-je le choix ? Comment, sinon, raconter une rencontre bouleversante ?

Cette première fois, je reste donc trois heures avec elle dans la chambre et l'écoute avec un intérêt grandissant. Elle retrace sa trajectoire, dont je vais me borner à énumérer les faits. Je veux la restituer telle qu'elle se voit et comprendre comment elle est devenue cartomancienne.

Le récit de Lina débute avec ses premiers flashs, dans les années 1950. Jeannick a sept ans. Son père reprise des filets de pêche dans le jardin derrière la maison. Elle l'aide dans sa tâche, de son plein gré ou non, je ne sais pas, en tout cas, elle tient le filet d'une main pour qu'il soit tendu. Le travail est fastidieux. Pour se distraire, ils écoutent la radio. À force, ils connaissent les programmes par cœur, les voix sont familières.

Une scène étrange se produit plusieurs fois. Quand le présentateur annonce les chiffres du tiercé, Jeannick le précède de quelques secondes. Elle ouvre la bouche et une liste de chiffres en tombe. Le présentateur les répète, en écho. Les chiffres sont identiques. Son père est abasourdi. La fillette ne sait pas comment elle s'y prend. Elle ne l'explique pas. C'est un jeu, comme une musique dans sa tête. Elle n'est encore qu'une enfant. Elle n'est pas sommée de se justifier de tout.

À l'adolescence, elle est déscolarisée. Elle vient d'une

famille nombreuse. La fratrie compte sept enfants. Les derniers sont des jumeaux. Sa mère, brune et stricte, les confie à Jeannick. Quand les petits entrent à l'école, la jeune fille trouve un emploi au village. Elle sert les cafés dans un troquet.

Elle y rencontre son mari, en bleu de travail. Elle reproduit le schéma familial en s'unissant avec un marin. Trois enfants naissent. Jeannick est femme au foyer pendant plusieurs années. Jusqu'au drame. Le rêve orange, l'accident en mer, la colonne verticale brisée. La mort, peu après.

Je sais peu de choses du deuil de son époux et de sa relation avec sa belle-famille. C'était il y a plusieurs décennies et le récit de Lina est parsemé d'ellipses. Elle saute les passages à vide. Je ne cherche pas à les combler. J'attends ce qui m'importe : le recours à la voyance pour subvenir à ses besoins.

Avant ses quarante ans, la cartomancie n'est pas une option. Elle ne tire les cartes qu'à sa belle-mère qui lui trouve du talent. En dehors du cercle familial, la voyante n'existe pas.

Il lui faut gagner en expérience humaine pour faire autorité. Il lui faut aussi gagner sa croûte.

Avec l'assurance-vie de son mari, elle achète le bar-tabac-loto sur le port de Paimpol. Elle apprécie cette activité qui la sort de son isolement social. Sa gouaille s'exprime. Elle a du répondant, elle aime tenir le comptoir. Elle retrouve une forme de dignité et aussi ce truc d'enfant, cette musique dans sa tête quand il s'agit de deviner les chiffres qui vont tomber. Un soir, ou peut-être un matin, je ne connais ni l'heure ni la date, elle participe avec ses clients au loto sportif en cochant une grille. « Pour m'amuser. » Elle joue avec eux et contre eux. Quand ils disent A, elle pense B. Son oreille la guide. Elle entend quand ils se trompent. Elle sent ce qui sonne juste. Et bim, ce jour-là, elle remporte le gros lot, elle avait les seize numéros. Les clients lui demandent : « Comment tu fais ? » Cette question la renvoie à l'enfance, au filet de pêche, au tiercé à la radio. Hier comme aujourd'hui, elle ne sait pas, c'est comme ça, un don, le hasard, ou « la chance de ne pas être comme tout le monde ».

Quand j'entends cette histoire, je pense aussitôt : à sa place, je me serais gavée. J'aurais joué sans m'arrêter, écumé les salles de casino, pour vider les caisses, toutes les caisses. Pas tant pour le gain que par soif du jeu et plaisir de gagner d'une manière qui échappe à toute logique. Lina fait le contraire. Elle est prudente et emploie son don – je lui emprunte le terme « don » – avec parcimonie, sans vouloir en abuser, de peur qu'il ne lui échappe. Il lui arrive de fréquenter des salles de jeu. Elle y a même été employée. Elle me dit : « Je ne gagne que la somme dont j'ai besoin. Les meubles du salon, je les ai achetés en jouant aux machines à sous. Je suis allée au casino avec le montant en tête et je suis revenue avec. »

Jeannick n'a pas la nécessité d'être riche. Elle ne vit pas au-dessus de ses moyens. En deçà, non plus. « Ceux qui visent trop bas sont aussi malheureux que ceux qui visent trop haut. » Viser haut ou bas, à défaut de viser droit.

Jeannick ne se rêve pas. Elle fait avec ce dont elle dispose. Pour l'heure, il y a le bar-tabac-loto et ses poivrots. Les affaires fonctionnent.

Trois ans plus tard, elle se retrouve en stage à l'ANPE. Je suis perdue. Attends, attends, le bar-tabac, il se passe quoi pour que tu arrêtes ? Elle dit, accident, hôpital, incapacité à porter des charges lourdes. Un accident, quel accident, encore un ? Foutu karma. Un client lui aurait foncé dessus en voiture. L'explication est vague, Lina ne s'attarde pas sur les mois d'immobilisation et l'obligation de revendre l'établissement. Sa trajectoire bifurque une seconde fois. Elle doit s'adapter.

Elle reprend ses études en alternance pour obtenir un certificat. On la retrouve à l'ANPE. Jeannick fait un stage dans une agence, elle est affectée au courrier. Sa carrière bascule. Elle était à deux doigts de devenir fonctionnaire : elle deviendra voyante sur le conseil des agents qui l'ont vue à l'œuvre. Faut dire qu'elle n'est pas discrète en tirant les cartes aux collègues dans les vestiaires. Son style plaît. Elle est franche.

Un agent lui dit : « Fais immatriculer ton activité et exerce la cartomancie à ton compte. » Jeannick hésite. Peut-elle en faire un métier ? Gagnera-t-elle sa vie ?

Comment va-t-elle trouver des clients ? Sa cadette l'encourage : « Fais-le, maman, tu pourras aider les gens avec les cartes. »

Je pile soudain au milieu du récit :

— Attends, Lina, attends. Comment t'es venue l'habitude de lire les cartes ? Quelqu'un t'a appris ?

Elle me cite Mme Guérini ou Périni. La « vieille » de son village natal. Mme Guérini-Périni lit les cartes. Elle est connue pour résoudre les affaires de cœur. Les jeunes filles se pressent dans sa cuisine. Vais-je me marier ? Est-ce pour bientôt ? Oui, non, peut-être. Toi, tu vas galérer, ta petite sœur se fiancera avant toi.

La mère de Jeannick consulte Mme Guérini-Périni. « Elle allait voir plein de voyants. » Pour leur demander quoi, je ne sais pas, des questions liées aux affaires courantes, j'imagine, les enfants, le mariage, les sous. Je brode sur ce point parce que Lina est focalisée sur un autre : la révélation de son don par Mme Guérini-Périni. Jeannick est petite, elle a, disons, sept ou huit ans. Elle a déjà eu des flashs quand elle accompagne sa mère se faire tirer les cartes. Le jeu est étalé sur la table. Les adultes ont la tête penchée au-dessus. Jeannick y jette un œil et affirme en tapotant une carte : « Faut la jeter celle-là, elle est pas bonne. » La vieille dévisage la gamine qui vient de pointer la mort et annonce à la mère d'une voix catégorique : « Votre fille fera la même chose que moi.

Elle a mon don. » Presque soixante-dix plus tard, Lina se rappelle cette prophétie.

J'ai envie d'ajouter « autoréalisatrice » et de réduire à néant la notion de don. Le débat est vieux comme le monde, vieux comme la sociologie. Les compétences ne seraient pas innées mais acquises et il ne faudrait, dixit Bourdieu, conclure à la nature qu'en désespoir de cause. Il est évident que, ayant côtoyé une cartomancienne depuis l'enfance, Lina a été influencée par ses pratiques. Elle a intégré les rites par porosité. Je dis ça et, en même temps, je me heurte à la limite de mon raisonnement. Ses enfants ne tirent pas les cartes. Ses sœurs, non plus. C'est la seule auprès de qui le jeu a pris, et solidement. Elle est douée, mais de quoi ? Peut-être d'intuition, d'analyse, d'une rage de vivre, et les clients y trouvent leur compte. Enfin une personne sur cette terre auprès de qui s'afficher misérable sans se sentir malade. C'est probablement l'ambivalence de Lina qui fait son succès : l'humilité de cette femme autoritaire persuadée d'avoir raison.

Elle va faire carrière dans la cartomancie. Les gains seront honorables sans être faramineux. Elle ne deviendra pas propriétaire, ne roulera pas en décapotable ni ne coulera du béton dans son jardin pour mouler une piscine. Spéculer sur les biens immobiliers, épouser un bon parti ou vendre de la drogue demeurent des solutions plus efficaces pour ça. En revanche, elle ne dépendra de personne à la tête de sa petite entreprise.

Dans les années 1990, Jeannick a une quarantaine d'années, elle habite Ploufragan, une commune près de Saint-Brieuc qui compte dix mille habitants. Elle y fait immatriculer son activité et se crée un pseudo en dépiautant le prénom de sa fille cadette, Angélique.

Lina est née.

Elle s'installe dans la forêt de Brocéliande quelques années plus tard, après la mort de son fils. Quand je lui fais remarquer le lien avec les contes et les légendes, « la forêt est mythique ! », elle rit de ma « fantaisie ». De nous deux, celle qui plane n'est pas la voyante.

Elle se dote de plusieurs jeux de cartes et se consacre à plein-temps à son entreprise. Le bouche-à-oreille fonctionne. La clientèle afflue.

Contrairement à ce que j'imaginais – ma sentimentalité me perdra –, les requêtes les plus fréquentes sont liées à l'argent et non à l'amour. Ses consultants sont d'origine modeste. Les cas de surendettement nombreux. Lina rédige leurs courriers en marge des consultations. La voyante, elle, sait lire et écrire. Au rayon sentiments, Lina réduit à néant mes envies de contes de fées : à part une cliente qu'elle adore, la postière pucelle de Paimpol ayant trouvé l'amour à plus de soixante ans grâce à sa lecture avisée des petites annonces, elle ne me parle que d'adultères, de cœurs brisés, de femmes déçues par les hommes, d'hommes effrayés par les femmes, d'individus plombés par les regrets, incapables de faire le deuil ; d'une première histoire, d'un amant volage, d'un divorce, d'une absence de magie.

À son humble avis, et elle compte sur ses doigts pour être certaine que je saisisse le marasme, deux couples sur dix valent le coup. C'est déprimant, mais on en a vu d'autres. Malgré ces statistiques déplorables, Lina croit en l'amour. Ou veut croire en l'amour. Ou aimerait que ceux qui la consultent croient en l'amour, suffisamment pour arrêter de traquer l'âme sœur avec angoisse, parce que « c'est quand on s'y attend le moins que ça arrive, suffit d'un sourire ou d'un regard, et c'est le coup de foudre ». Évidemment, on peut attendre longtemps. Le pire étant que le doux clin d'œil peut être difficile à reconnaître tant on a perdu la main. La voyante s'avère à ce stade indispensable – d'après Lina : « Si je dis oui, t'y vas. Si je dis non, tu passes ton chemin. » Elle vilipende ses concurrents qui n'osent pas dire à leurs clients qu'ils sont très très mal barrés avec ce chien de pique ou son alter ego féminin, la dame de carreau. L'un et l'autre, aussi néfastes soient-ils, ont un beau sourire.

Je me suis trompée sur son compte. Lina ne croit pas en l'amour. Elle a la foi. La voyante carbure à l'espoir, c'est probablement pour ça qu'elle plaît : sa fougue emballe davantage que la verve d'un avocat spécialisé en affaires conjugales.

La nuit est tombée. Je commence à fatiguer. Elle doit être épuisée, elle aussi. Le récit devient compliqué à suivre. La mémoire est une commode dotée de plusieurs tiroirs. Lina les ouvre un par un et fouille à la recherche d'épisodes. Elle veut se souvenir de fulgurances censées justifier son savoir-faire. Je ne les retiens pas ou peu. Nous ne sommes pas intéressées par les mêmes évènements. J'accroche davantage à des mots-clés qui la laisseraient presque indifférente, et qu'elle me lâche comme ça, l'air de rien, alors que je songe à partir : interview sur France 3, émission de radio sur Ploubaz FM, meurtre d'une cliente, article dans *Le Nouveau Détective,* plans sociaux et entreprise Chaffoteaux :

— Tous les ouvriers sont venus me voir, j'habitais à côté de l'usine, je les ai soutenus lors du procès. Tu sais… (Elle cherche un mot, je ne vois pas du tout où elle veut en venir.) L'amiante. (Ah, d'accord.) Des problèmes de santé en plus des licenciements, c'était une sale période. Sans parler des filles qui se plaignaient du contremaître qui leur mettait des mains aux fesses.

Elle va trop vite, je suis perdue.

— C'est quoi cette histoire de meurtre ? Qu'as-tu dit à la télévision ?

Ses réponses manquent de précision, les dates ne sont pas cohérentes. Si je n'étais pas gênée de rencontrer Mme Guérini-Périni, de passer du bar-tabac-loto à l'ANPE en une fraction de seconde et de ne pas tout savoir de la postière de Paimpol, soudain, je me fais tatillonne. La voyante a pris part à la Grande Histoire. Je veux saisir son rôle.

— La télé m'a appelée pour les prédictions de la nouvelle année. C'était en 1991, non 1992, ou 1994 peut-être, je ne sais plus. En tout cas, ma carrière était lancée, jusqu'à la mort de Désirée. La police a mis un temps fou à trouver le coupable ! Ils sont pas bien malins quand même, les flics, ils ont pas dû faire beaucoup d'études. Ils sont allés aux quatre coins du pays et devine quoi, le meurtrier habitait à côté. Je leur avais dit, depuis le début, je disais qu'il était pas loin. Ils m'écoutaient pas.

Je ne comprends rien, qui a tué qui et quel est le lien avec Lina ? Elle me dévisage comme si j'étais passée à côté de l'affaire du siècle. Elle me donne quelques infos, en vrac, tout s'emmêle, je ne la suis plus.

— Tu m'as parlé d'un article dans *Le Nouveau Détective*.

Elle bondit de sa chaise et ouvre le premier tiroir de sa (vraie) commode. Elle en sort des coupures de journaux dans une pochette plastifiée.

— Tout est dedans. Garde-les.

Elle ne pouvait me faire un cadeau plus utile. Qui sent la rose synthétique de surcroît. Je suis émue. J'ai suffisamment d'éléments pour lancer des recherches et reconstituer le puzzle. Je me lève. Je vois flou. Je suis surexcitée. Elle me regarde d'un air bizarre : je dois avoir l'air d'une illuminée.

L'entretien m'a donné mal au crâne à force de concentration. Je me réjouis de retrouver Pauline au bistrot. Je la découvre absorbée, à une table près de la fenêtre. Elle dessine le cadavre d'une mouche. C'est lugubre mais elle ne semble pas s'en soucier. Elle compte l'offrir au tenancier. Elle ne lâche donc jamais l'affaire. C'est à mon tour de patienter le temps qu'elle achève son œuvre. Je suis exténuée. Elle s'applique. Un calvaire. C'est le tenancier qui nous met à la porte. Son établissement ferme. Pauline n'a pas terminé. Elle n'en démord pas, il lui est impossible de bâcler son travail, même ce qui avait été, à l'origine, une petite vengeance. J'essaie de trouver un compromis, pourrait-elle terminer dans la voiture pendant le trajet jusqu'à Paris ? La poste sera ouverte à notre arrivée. Elle me dit non, puis je ne sais pas, et enfin oui d'accord. Elle monte dans la voiture et s'endort dès que j'allume le contact. Nous roulons un mètre, je freine, coupe le moteur et m'endors à mon tour. Un bruit me réveille en sursaut. Quelqu'un tape à la vitre. Je la baisse. Angélique me tend une couverture. Je la remercie et remonte la vitre. Le sommeil me tombe dessus.

J'émerge deux heures plus tard. Nous partons en laissant la couverture sur le toit de la Clio blanche. Pauline se remet à son ouvrage à hauteur de Rennes. Une éternité passe avant d'apercevoir la tour Eiffel depuis le périphérique. Nous n'avons pas prononcé un mot du trajet. Après ce périple, Pauline disparaît des radars pendant des semaines, de nouveau recluse dans son atelier. Seule trace de ce séjour qui aurait pu n'être qu'un rêve : un portrait de la mouche posté sur Instagram.

Ragaillardie par ce voyage breton, je trouve dans une bibliothèque universitaire parisienne un accès illimité aux archives du service public, télévision et radio comprises.

La voix de Daniel Mermet. La voix de Daniel Mermet sur France Inter dans son émission « Là-bas si j'y suis ». Nous sommes le vendredi 19 janvier 1993. Il est presque quinze heures quand Daniel Mermet entre dans un studio de la Maison Ronde. Il s'assoit autour de la table, glisse un casque sur ses oreilles et agite une main en direction de la régie. Il est prêt. Le jingle se déclenche, quelques notes jouées au saxo, le journaliste lâche son introduction. « On est de plus en plus mou et c'est de plus en plus dur. Heureusement on est là, nous les médias. Aujourd'hui France Inter vous apporte la lumière. On vous promet la guérison, on vous promet un avenir radieux. Après le dessert, on va se faire miraculer. » Le cynisme dégouline dans son micro. Les auditeurs sont prévenus, le témoignage qu'ils s'apprêtent à écouter est à prendre au second degré. Ont-ils besoin de cette mise en garde avant d'entendre la voix de Carmelle ? Les aurait-il alertés avant de diffuser la messe ? Carmelle de Béziers est une incroyable cliente radiophonique et celui qui a enregistré le récit du plus beau jour de sa vie est un sacré veinard.

Ledit moment a eu lieu en 1951, quand un homme habillé de guenilles tape à sa porte. Le visage du visiteur lui est familier mais Carmelle peine à mettre un nom sur l'homme à la barbe hirsute et au regard perçant. Accueillante, elle le laisse entrer dans sa maison et lui dresse un couvert. Le gars a l'air affamé. Elle trouve un sac de pommes de terre dans le cellier et prépare des frites, c'est rapide, pas cher et ça plaît à tout le monde, les frites. Un fil électrique relie leurs yeux. Elle se dit, je l'ai déjà vu quelque part, je le connais ce bonhomme. Lui, imperturbable, mange. Puis, une fois son repas terminé, il se lève, passe la porte d'entrée et s'envole vers des cieux inconnus. Et là, une voix dans la tête de Carmelle l'assomme d'une vérité absolue : « C'était Jésus. » Imaginez son désarroi. Elle ressasse, dépitée, cet incroyable raté qu'elle livre au micro de France Inter ce vendredi 19 février 1993 : « Si j'avais su, je lui aurais fait de la viande. »

Daniel s'esclaffe. Je l'imagine rire, son micro est coupé, le sujet est lancé. Il lèverait un pouce en direction de la régie. Le technicien serait hilare, lui aussi. Un témoignage comme celui de Carmelle, c'est pain bénit pour l'émission. Les auditeurs vont être contents. La semaine s'annonce bien. Daniel vient de boucler un reportage au Salon de la voyance qui se tient porte de Champerret pour la troisième année consécutive. La diffusion à l'antenne est prévue dans quatre jours. Le sujet sera dans la même veine que celui sur Carmelle : du gros n'importe quoi propre à l'humain. Daniel y aura peut-être mis un peu plus de hargne dans ses commentaires. « L'homme croit comme il respire », soupire-t-il dans les allées du salon, sans cacher son amertume d'être entouré de charlatans. Il use plusieurs fois de ce terme, « charlatans ». D'ailleurs, dit-il, nul besoin de se ridiculiser à prouver le caractère irraisonné des exposants, un angle s'avère bien plus intéressant : « Le charlatanisme, c'est vieux comme le monde, alors mes petits gars, vous êtes au chômedu, vous allez vous faire virer, venez ici, y a du fric à se faire. Inventez-vous un délire, avec une certaine originalité mais pas trop. Ça va marcher. » Pour appuyer son scepticisme, Daniel est accompagné d'Alain Cuniot, un auteur qui consacre, à juste titre, son temps et sa plume à dénoncer l'obscurantisme. C'est un bon filon tant les Occidentaux en cette fin de siècle sont attirés par la mystique. Le reporter s'est aussi procuré un sondage récent publié dans *Le Monde* et consacré à l'évolution des croyances des Français. Il donne des chiffres au micro : 58 % des sondés considèrent les astrologues plus fiables que les scientifiques, 55 % pensent que les guérisseurs ont du pouvoir et 24 % croient les prédictions des voyantes. Daniel semble atterré. La parascience se développe au sein de la société et remonte dans l'opinion, principalement auprès des jeunes, des femmes, des écolos et des intellos. Toujours les mêmes qui s'accrochent aux idées de merde.

Simultanément aux ronchonnements de Daniel Mermet, sur une station concurrente et privée, RTL, le standard est en train d'exploser. Le téléphone sonne sans discontinuer, deux mille personnes appellent dans l'espoir de poser une question à l'antenne. Le voyant Didier Derlich répond aux interrogations des auditeurs. Amour, argent, famille, divorce, tout y passe. Didier se prêtait déjà au jeu hier. Il continuera demain car l'émission rencontre un immense succès, bien qu'elle ait été suspendue quelque temps, à la suite d'une erreur de vision. L'affaire était gênante. Une mère a appelé la radio alors que son fils de deux ans, dont le prénom circulait dans la presse, avait disparu depuis plusieurs jours. Didier lui a assuré, à l'antenne, que son garçon était vivant. Le corps inanimé de l'enfant a été retrouvé quelques heures plus tard. L'horreur. Quel loupé pour Didier. Mais bon, on lui a vite pardonné et retrouvé un créneau pour qu'il puisse lire les cartes aux pauvres âmes qui téléphonent. Mermet versus Derlich. Leurs visions se superposent pour exprimer la même fascination pour l'irrationnel. Le samedi 9 octobre, dans l'édition du soir sur France 3, la journaliste Isabelle Thomas signe un reportage sur cet « engouement » qui contamine le « monde économique ». En plusieurs années, « la France a été envahie » par les médiums, dit-elle. Neuf milliards de francs auraient été déclarés au fisc. Ces consultations génèrent plus d'argent que celles des médecins généralistes. « La science trébuche, la religion s'étiole, la voyance propose ses services », cingle la journaliste, après avoir décrit le « boom » de Divinitel, une entreprise regroupant astrologues, numérologues et voyants sur une plateforme du Minitel. Le gros hic dans cette histoire, c'est l'absence de réglementation, n'importe qui peut s'installer à son compte et se déclarer expert ès divination, un peu comme les psychanalystes qui s'autorisent entre eux à recevoir les patients. N'importe qui peut trouver des clients à escroquer, car les gens vont mal ; la société titube ; les idéaux dégringolent. Tout le monde a besoin de croire, manger et boire. Ces phrases sont rabâchées sur toutes les chaînes qui, simultanément, sollicitent en permanence les voyants. Les audiences sont bonnes, les Français adorent, pourquoi s'en priver ? Ce n'est pas du tout contradictoire. C'est ainsi que le 31 décembre, les journalistes de France 3 Bretagne cherchent à interviewer une voyante afin qu'elle donne ses prédictions pour la nouvelle année. Que nous réserve 1994 ? Lina, depuis les Côtes d'Armor, nous répond ! Gros plan sur son visage. Sa beauté est télégénique, sa peau très blanche, ses cheveux blonds, coupés au carré, sont retenus par des barrettes. Une certaine réserve émane de sa personne. Avec timidité ou prudence, elle décrit du bout des lèvres l'avenir de la Bretagne. Le conseil général passera à droite, le chômage se débloquera grâce à une loi, le cours du porc montera jusqu'à huit francs. L'amusement pointe dans la voix du reporter alors qu'il pose une dernière question.

— Et Francis, notre présentateur, vous en dites quoi ?

— Il a un grand avenir devant lui.

Retour sur le plateau, Francis Letellier rosit de plaisir, parce que même si les circonstances prêtent à la moquerie, un encouragement s'apprécie.

Vingt-trois ans plus tard, à l'occasion de la vingt-septième édition du Salon de la voyance, rebaptisé « Salon de la voyance, forme et bien-être », le présentateur Bernard Poirette tente de masquer son ennui en traitant ce sujet devenu un marronnier. « Nous sommes le samedi 13 février 2016, et vous écoutez RTL. » La voyance est devenue un vulgaire bien de consommation. Elle a été avalée, digérée et restituée dans de jolis paquets. Dans n'importe quelle librairie dotée d'un fonds conséquent, les jeux d'oracle s'amoncellent sur les étagères. Au dos des boîtes, une invitation colorée pour entreprendre un voyage « puissant » et découvrir notre « véritable nature sacrée ». Les cartes sont illustrées par des street-artistes ou des tatoueuses stylées. Accompagnées de livres écrits par des Instagrameuses qui ordonnent au chaland de « prendre son destin en main », en usant de la « loi de l'attraction ». Ça parle magie noire, médiums, vies antérieures et astrologie. Quant à l'amour, ça tient en une phrase : « Le couple est un outil au même titre que l'argent. »

Aurait-on sonné la fin de l'amour ?

Je suis assise dans un fauteuil rouge, dans une librairie vide, quand je reçois un mail de Jeannick.

Objet : « Mémoires d'une cartomancienne ».

Elle m'informe que, depuis notre entretien, elle a commencé à reconstituer les grands moments de sa carrière. Elle écrit tous les jours mais doit s'interrompre, à la fin de la semaine, elle va dans le Morbihan. Elle fait souvent le voyage pour recevoir sa clientèle locale dans une chambre d'hôtel. Ils l'attendent avec impatience, commente-t-elle. Le mail se conclut d'un : « Tu fais le tri (dans les notes), bisou. »

Je souris : nous avons passé un cap. Je suis en train de me faire embarquer par la voyante. Elle m'a choisie comme biographe et j'en suis très gênée. Ne serat-elle pas désarçonnée en découvrant ma réserve, voire ma défiance, quant à son métier ?

Je hausse les épaules. C'est le jeu, après tout. En lançant une interview, j'ai suscité l'attente et me trouve redevable du temps qui m'a été consacré. On verra ce qui ressortira de cette aventure.

Par curiosité, je cherche dans le mail de Jeannick le récit de son intervention télévisée. Il est succinct. Elle ne mentionne que le présentateur dont elle a oublié le prénom. « Je lui ai dit qu'il ferait une longue carrière et il est encore là. » C'est vrai, Francis vient de faire sa rentrée sur France 2 quand Lina m'écrit ces lignes. Il était déjà sur les rails à l'époque. Mais entre lui et la voyante, c'est cette dernière qui profitera de la rencontre. Son apparition à l'écran va avoir des répercussions.

En la contactant, France 3 l'a adoubée. Ploubaz FM la réclame bientôt pour tenir l'antenne le samedi matin.

Sans surprise, Ploubaz FM n'a laissé aucune trace sur la toile. C'était l'une de ces nombreuses radios libres nées dans les années 1980 et disparues aujourd'hui. Je retrouve l'ancien rédacteur en chef sur les réseaux et lui envoie un message : besoin d'aide, recherche archives, je m'intéresse à la voyante du samedi matin.

Trois semaines plus tard, il m'appelle, étonné de ma requête :

— Que veux-tu raconter sur cette femme ? Il n'y a pas grand-chose à en dire.

On se tutoie, usage de confrérie.

Je me fends d'un :

— Oh, si tu savais.

Et comme il ne sait pas, je ne dis rien. Autre usage : ne rien lâcher avant la publication de son travail, quand bien même le sujet n'intéresserait personne.

Je demande :

— La radio dispose-t-elle d'archives ?

Non, malheureusement. Elle diffusait ses programmes par voie hertzienne. Je ne connaîtrai jamais la teneur des questions des auditeurs. Le journaliste ne parvient pas à saisir mon intérêt « démentiel » pour la voyante. Lui n'en garde que peu de souvenirs, si ce n'est que, le samedi, le téléphone sonnait sans discontinuer en régie.

— Elle était connue dans la région, dit-il.

Ah, quand même ! Je le questionne :

— Et ça ne t'étonne pas ? Que toute la région consulte une voyante ?

Non. Ce serait comme écouter la météo, lire l'horoscope et jouer au loto. Quelle planète ai-je foulée pour ignorer pendant trente ans l'ultrabanalité des voyants et de leurs consultants ? Probablement, un monde privilégié où l'éducation et les relations projettent l'idée d'un futur rassurant et balisé sur lequel on aurait la sensation d'avoir prise.

— Vraiment, je ne vois pas ce que tu trouves à raconter.

Oh, si tu savais.

Je finis par conclure :

— Si une anecdote te revient, fais-moi signe.

Il acquiesce :

— Si tu parviens à faire publier ton travail, fais-moi signe également.

Je raccroche et retrouve les notes de Lina. « Les personnes appelaient et je répondais en direct. » Je suppute qu'elle tenait l'antenne comme le bar-tabac-loto :

en laissant sa gouaille s'exprimer. Les deux relèvent de la conversation de comptoir, le principe étant de ne jamais rester sans voix.

Lina m'a raconté trois fois la même scène pendant notre entretien – avec un sourire diabolique –, celle d'une femme qui appelle la radio avec l'envie d'en découdre.

— Quelle est votre question ?

La femme lâche d'une voix moqueuse :

— Dites-moi comment vont les amours ?

Lina répond du tac au tac :

— Lequel ?

L'auditrice met fin à la conversation. J'imagine le mari abasourdi et l'auditrice qui tire le fil du téléphone pour se replier dans les toilettes.

Lina la récupère hors antenne :

— Pourquoi avez-vous posé cette question ?

La femme bredouille qu'elle ne pensait pas, « oh non ! vraiment pas ! », que la voyante saurait pour son amant.

Lina rit.

Un bon scénario nécessite des rebondissements, parfois sanglants. Me voilà servie. En 1999, *Le Nouveau Détective* publie une double page sur laquelle apparaît Lina. « La cartomancienne que tout le département des Côtes d'Armor consulte » a tiré la carte de la mort à Désirée Chaurand, une vieille dame de quatre-vingt-sept ans.

La scène se déroule au premier étage d'une boulangerie où Lina a pris ses quartiers. Les consultants font d'une pierre deux coups : acheter une baguette et se faire conter l'avenir. La présence de la voyante au-dessus d'un commerce aussi fréquenté montre son ancrage dans le quotidien des habitants.

La vieille dame est accompagnée d'une jeune femme brune. Suspect numéro un aux yeux de la police, qui la traquera dans toute la France.

Lina rencontre Désirée pour la première fois. Elle la trouve bien âgée pour une initiation aux cartes. À quatre-vingt-sept ans, qu'espère-t-elle trouver dans les tarots si ce n'est la mort ? « Je le fais pour moi », aurait répliqué Désirée.

Cette phrase veut tout et rien dire mais, dans le cadre d'une affaire judiciaire, le moindre mot est décortiqué. Désirée avait-elle pressenti le drame ? Vivait-elle sous la menace ?

Lina jugera, a posteriori, que la vieille dame avait tapé à la bonne porte. « Elle avait besoin de moi. » Ou pas. Annoncer la mort n'empêche pas le couperet de tomber.

Désirée tire les treize cartes. Lina est effarée. Que du noir, de la violence, de l'acharnement. Sur la fin, un couteau et du feu. Lina relève la tête et dévisage sa cliente :

— Mais qui peut vous en vouloir à ce point ?

La vieille dame réplique :

— Pensez-vous qu'il ira jusque-là ?

La voyante dodeline de la tête :

— Faites très attention à vous.

C'est *Le Nouveau Détective* qui rapporte ce dialogue.

Quelques jours plus tard, la nouvelle de l'assassinat parvient jusqu'au premier étage de la boulangerie. Le corps ensanglanté de Désirée a été retrouvé dans son appartement. L'enquête est confiée à la police judiciaire de Rennes. Les enquêteurs filent chez la voyante et l'interrogent. La vieille dame, les cartes sombres, le couteau, la jeune femme brune. Ils réclament à Lina son carnet d'adresses. Elle s'exécute et livre tous les noms de ses clients.

C'est un carnage pour son entreprise qui repose sur l'anonymat. Personne ne se vante d'aller voir une voyante. Ce serait avouer une double vie. Lina respecte cette volonté de discrétion. Au marché, elle ne salue pas ses clients. Et vice versa. Tout le monde fait mine de l'ignorer. Peut-être même que certains se moquent d'elle – pour faire des courbettes une heure plus tard au premier étage de la boulangerie.

Dans le répertoire téléphonique transmis à la police, on trouve les ouvriers Chaffoteaux qui assemblent à la chaîne chaudières et chauffe-eau. Ils n'iraient pas crier sur tous les toits qu'ils consultent Lina. Pourtant, depuis que l'usine est secouée par des plans sociaux successifs, ils viennent s'en plaindre à la voyante. À la télévision, ils s'affichent invincibles. Pendant des années, ils mènent une lutte acharnée pour conserver leurs emplois : séquestration de cadres, grèves reconduites, procès intenté à l'entreprise pour leur avoir fait manipuler de l'amiante sans le savoir. Dans les faits, ils sont rincés de ne plus savoir à quelle sauce ils vont être mangés. Ils n'ont aucune prise sur l'avenir. Et quand l'incertitude pointe son nez, Lina apparaît. Elle les soutient, les motive. Elle les aime bien, les Chaffoteaux. Ils sont courageux de s'opposer au patron. Peu importe si, à la nuit tombée, on cherche dans les cartes un petit remontant comme on s'enfilerait un whisky, le jour, il s'agit de s'afficher solide.

La mort de Désirée et l'enquête judiciaire sont un mauvais coup pour Lina. Certains ne pardonneront pas l'exposition publique de leurs failles et couperont tout lien avec elle.

Lina a beau dire aux policiers qu'ils se trompent, que le coupable n'est pas loin, ils interrogent un à un les huit cents personnes du répertoire. Je ne sais pas exactement ce qu'ils cherchent. Probablement la jeune femme brune qui accompagnait la vieille dame.

Les interrogatoires les mènent sur une mauvaise piste. Ils partent dans le Sud et reviennent bredouilles en Bretagne. L'enquête s'enlise avant de tomber sur l'indice qui les fera remonter jusqu'au coupable ; un jeune homme déséquilibré qui habitait le foyer mitoyen de la maison de retraite où vivait Désirée. Aucun lien avec la voyante et la démence pour seul mobile.

Lina n'a plus qu'à se reconstituer une clientèle. Elle réclame des dommages et intérêts, « surtout que je leur avais dit qu'ils se trompaient », et obtient des avantages fiscaux. Elle me parle aussi d'un emploi dans un casino comme forme de dédommagement.

En y réflechissant, il y a une logique à trouver une cartomancienne dans ce type d'établissement. Pas tant pour désigner à celui qui paie ses services la bonne machine à sous, celle qui fera *gling gling* dans la soirée, mais parce que le tarot fait appel au mêmes ressorts que le blackjack, la roulette ou encore le poker : il s'agit d'un jeu dont on espère obtenir ce que l'on veut. Une nature joueuse touche à tout ce qui peut la divertir et ne sait pas s'arrêter.

Je m'apprête à en faire les frais.

La journaliste est satisfaite. L'enquête suit son cours.

La femme creuse sa tombe. Elle n'a pas oublié son tirage. *Un homme amoureux dont je serais très amoureuse.*

Les mots me démangent comme une plaque d'eczéma. Je tente de me protéger en relativisant. Comment puis-je sérieusement considérer les dires d'une voyante ? Je lui ai accordé trop d'importance.

Le travail me sauve. Pour un projet de livre sur les États-Unis, je fouille mes archives, reconstitue les évènements et m'étonne au passage de mon état d'écorchée vive. Je vis retranchée dans mon appartement et perds toute notion de temporalité. Je suis dans ma bulle le temps de l'écriture. Je bosse comme une forcenée, j'en oublie de manger. Je fume de plus en plus.

Une fois l'ouvrage terminé, je me mets en tête d'arrêter la cigarette. On me parle d'hypnose pour aider le sevrage. Je trouve un nom et prends rendez-vous.

L'hypnothérapeute me reçoit dans son cabinet. Je lui

fais part de ma requête. Elle m'explique la marche à suivre. « La cigarette comble un manque. » Il me faut trouver sa source. Sa voix s'adressera à mon inconscient et je devrai verbaliser les images qui surgiront pendant la séance. Un truc comme ça. Je réponds, oui, oui, très bien. En toute imprudence.

La musique est lancée. La thérapeute me guide. Je visualise la terre, le soleil, une forêt, un chien, ma famille, mes amis. Il fait chaud, je marche sur du sable fin et me baigne dans une mer cristalline. Je fais la planche, grimpe sur un radeau. Je danse la samba sur la plage et bois des cocktails ; les gens sont joyeux et beaux. Je suis parfaitement détendue.

Puis la thérapeute évoque la cigarette. Le décor paradisiaque s'évanouit. Un arbre me vient à l'esprit. Son écorce est parsemée de creux dans lesquels des milliers d'insectes grouillent. Je me penche pour les voir de plus près quand, soudain, un fantôme me saute au visage.

La boîte de Pandore vient de dévoiler son contenu : le sentiment amoureux et l'homme marié.

Qu'est-ce qu'ils foutent là tous les deux ?

Je ne me rappelle plus la suite. La thérapeute me ramène dans la pièce. Je suis comme saoule. Elle me demande comment je me sens. Je bredouille, ça va merci. Elle me prie de la rappeler en cas de soucis. Oui, oui. Elle fronce les sourcils. Je la rassure, paie et sors.

Sur le trottoir, j'allume une cigarette.

Un camion fonce sur la chaussée, je le suis des yeux.

Et c'est là que je m'avoue l'évidence : je fuis l'engagement parce que j'attends l'homme marié. Plus je lutterai contre le sentiment amoureux, plus il mutera pour survivre. Comme un virus.

Lina a raison : l'amour est une putain de maladie.

Le cœur est un organe étrange, le plus rebelle d'entre tous. Il enfreint tous les interdits, même ceux qu'il s'est fixés. Son lamento se révèle puissant. Dans les jours qui suivent, toutes les émotions refoulées remontent à la surface et me submergent. Je retrouve la jeune enflammée que j'étais il y a quelques années. Je suis amoureuse comme au premier jour.

La voyante y a largement contribué : elle nous a vus.

Ici se situe le hic. Je dis « nous ». J'arrange ses prédictions selon mes désirs. L'homme amoureux ne peut être que celui dont je suis moi-même soudainement très amoureuse. Elle nous a vus donc l'histoire va reprendre, j'en suis persuadée. Je sombre en amour, sans filtre, sans protection, sans filet, convaincue d'une issue heureuse. Lina nous a vus, Lina ne se trompe jamais, pas vrai ? Mon esprit imagine le reste et prédit l'avenir. On se recroisera. Il aura divorcé. Une pointe de jalousie me titille : peut-être a-t-il déjà refait sa vie, avec une fille plus jeune.

La boîte de Pandore déverse son contenu pendant des semaines. J'aurais dû retourner chez l'hypnothérapeute pour m'arrimer à la réalité. Mais je considérerai cette possibilité bien plus tard. Elle emploiera le terme de « dissociation ». Je m'étais détachée pour ne pas ressentir, incapable à l'époque de faire face au carnage émotionnel dans lequel je gisais en quittant l'asile. J'avais oublié, peu à peu, les internés. Ne restait qu'un dossier à traiter : celui de l'homme marié. Il était trop complexe, je le repoussais sans cesse. À présent, je dispose des ressources internes pour l'affronter.

En attendant la prochaine consultation d'hypnose, j'assume mes sentiments avec cinq ans de retard. Mon cœur marivaude, si lent à se découvrir. L'état euphorisant de l'amour, la meilleure de toutes les drogues, m'amuse plus qu'il ne m'inquiète. C'est tout de même agréable d'aimer, même un fantôme. Ou devrais-je dire : surtout un fantôme que je peux modeler à ma guise.

J'imagine que l'homme se présente en bas de mon immeuble, par hasard, par chance, quelle incroyable coïncidence ! Je m'apprête avec soin avant de sortir de chez moi. Je n'entends pas les sirènes, je lâche les chevaux et crois ce que je veux. Et ce que je désire, c'est la vie que je n'ai pas eue.

Lina a ouvert une porte dans mon esprit sur ce qui pourrait être, sur ce qui pourrait advenir, et je m'y suis engouffrée.

Je me mets à attendre qu'il se passe quelque chose de dingue, comme des retrouvailles avec un amour passé. Je suis persuadée que l'avenir me donnera raison. Je cultive le sentiment, je l'érige en statue et nage dans la plénitude.

La suite sera meilleure.

La suite sera meilleure.

La. Suite. Sera. Meilleure.

Je renonce à en parler aux copains journalistes qui seraient tentés de m'enfiler une camisole et opte pour une bande de potes cinéastes. Lors d'un apéro à Montreuil, je leur raconte la voyante, l'homme amoureux, l'hypnose et l'effet boomerang des sentiments.

Les réactions fusent. Stéphanie m'ordonne de contacter l'homme marié. Olivier désire que l'on aille en Bretagne filmer la voyante. Sur-le-champ ! Illico presto ! Deux se sentent visés : « Je suis l'homme marié, c'est ça ? Tu peux m'avouer tes sentiments sans crainte. »

Vic me demande de lui tirer les cartes, ce que je ne sais pas faire, mais fais quand même, avec un jeu qui traîne. Il me trouve du talent, arbore une moue appréciative, l'air convaincu par le récit que je déploie pour ses beaux yeux. J'en viendrais presque à me croire douée. Une diseuse de bonne aventure gagnerait mieux sa vie qu'une journaliste indépendante : on me suggère de tout plaquer pour vivre dans une roulotte.

Les verres se succèdent dans une ambiance douce et festive. La nuit avance, quand le plus exalté de la bande, Erwan, me dévisage comme si j'étais la huitième merveille du monde et dit : « C'est génial que tu sois érotomane. »

Pardon ?

Je vérifie sur mon téléphone la définition : « Illusion délirante d'être aimé ».

Certes, je ne doute pas d'une réciprocité, influencée par les paroles de Lina auxquelles je crois comme l'Évangile, mais je me sais intempestive. Je suis en train de péter un plomb, incapable de prendre de la distance. Ma nature est très joueuse et je sens comme les cartes pourraient m'être addictives. Elles donnent voix aux absents, en plus de raconter une version parallèle et schématique de nos existences.

J'attaque Erwan, piquée dans mon orgueil :

— N'importe quoi, je suis l'amoureuse, celle qui plante le sentiment dans la terre pour le voir germer et je mise sur la possibilité d'être aussi son fantôme. En plus, c'est un truc de garçons l'érotomanie.

Ce n'est pas vrai mais je ne le sais pas encore. D'ici quelques mois, j'aurai consulté tous les sites qui traitent du sujet et révisé mon jugement. A priori, il s'agirait d'une pathologie rare que l'on retrouve plutôt chez les femmes et qui peut, dans les cas les plus extrêmes, pousser au meurtre. La remarque d'Erwan est exagérée. Comme souvent en amour, les agissements des uns et des autres sont psychologisés et suspectés du pire. La simple tocade devient obsession dangereuse. D'ailleurs, combien de pervers narcissiques parmi nos ex ? Être amoureux serait socialement répréhensible, surtout de nos jours, tandis que notre peur de l'autre atteint des sommets.

J'essaie de me défendre :

— C'est vous qui n'avez aucune intuition. Arrêtez de qualifier les femmes de tarées dès que leurs paroles vous dépassent. Ce que vous ne concevez pas, ce que vous ne comprenez pas, n'est pas faux. Comment voulez-vous que l'on s'entende si vous ne regardez pas ce que nous sommes devenues : des mutantes. Les coups nous ont transformées.

Erwan n'arrête pas de se marrer. Le doute s'est installé. La soirée se termine peu après. Je monte dans un taxi avec Vic.

— La seule manière d'oublier quelqu'un, me dit-il, c'est de le revoir.

Plusieurs jours passent avant que je ne retrouve les coordonnées de l'homme marié. Je lui écris un texto dans un état second, consciente de mon audace. Je ne propose qu'un café, mais j'ai l'impression de transgresser tous les codes. Je me dis, je suis folle, il ne se souvient pas de moi, je mélange tout, c'est une relation pro, il ne va pas comprendre, il s'en fichera comme de la guigne, et puis merde, je fais ce que je veux, m'en fiche des convenances, envoyer de l'amour, c'est beau, surprenant même, un grain de sable dans les rouages, de quoi enrayer le système. Mon pouls cogne de trac. J'envoie le message.

S'il me répond, alors Lina a tapé dans le mille et moi aussi. Sinon, je reporterai la responsabilité de mes actes sur la voyante de Brocéliande. L'autre est toujours fautif, n'est-ce pas ?

Mon téléphone sonne.

C’est Mado.

Je suis occupée, je laisse sonner. Je suis surtout déçue : ce n'est pas d'elle que j'attendais un signe de vie. Elle laisse un message sur mon répondeur. J'entends des rires dans sa voix.

— La voyante est chamboulée. Elle aimerait parler avec toi. Elle écrit toutes les nuits depuis qu'elle t'a vue. Elle n'ose pas te contacter. Passe-lui un coup de fil.

J'appelle Lina.

Après les salutations d'usage, cette dernière m'explique avoir prévenu ses clients de l'élaboration d'un livre – elle dit « notre » livre – sur la voyance.

— Quatre-vingts personnes veulent l'acheter.

Pas sûre que ce chiffre impressionne un éditeur, mais son enthousiasme m'amuse. Je suis officiellement sa biographe et je nous imagine imprimer le manuscrit pour le vendre sur le marché. Elle enchaîne :

— Les clients ont besoin de comprendre que ça marche, les cartes. Regarde ta copine, elle a fini par trouver l'amour ! J'ai toujours dit que son prétendant porterait un uniforme.

C'est quoi cette histoire ?

Je raccroche après avoir évoqué une visite dans un futur proche, puis j'écris à Mado : « Alors, tu as trouvé l'amour ? » Elle me répond : « Oui. » Trois lettres auxquelles sont associées une quantité d'emojis. Je me promets de poser de nouveau la question dans quinze jours.

Ce ne sera pas nécessaire. Mado me rappelle peu après pour m'annoncer que son nouveau jules veut subir une vasectomie. Cette nouvelle contrecarre ses projections sentimentales. Mado rêve mariage et enfant. Elle est dépitée. « J'ai appelé Lina, elle m'a dit que je perdais mon temps. »

Faut savoir ! C'était le grand amour ! Mado raccroche. Pour me rappeler quinze jours plus tard. « Il a des problèmes psychologiques. » Décidément. Et Lina n'avait rien vu ? « Non, je l'ai appelée. Elle ne fait pas dans les pathologies mentales. »

On rit, parce que la situation s'y prête, parce que nous sommes ridicules et soulagées de partager nos galères.

Je l'écoute et m'interroge sur l'habitude qu'elle a prise de se référer à Lina. Je lui ai déjà posé plusieurs fois la question « pourquoi tu la consultes ? », sans jamais me souvenir de la réponse. Aujourd'hui, j'insiste d'autant plus que je n'ai pas de nouvelles de l'homme marié. J'ai la sensation de plus en plus pressante d'être à côté de la plaque, scindée en deux, entre la femme qui rêve et la journaliste qui tente de garder les pieds dans la réalité, en vain, la situation devient compliquée à gérer. Pourquoi continuer les consultations au rythme de ses amants ô combien nombreux, personne ne maîtrisant mieux que Mado l'art de la séduction ?

Elle soupire : « Quand même, Lina voit juste. Et puis, elle est tellement drôle. »

Certes, elle nous amuse et nous repartons de sa maison avec du baume au cœur, ce qui n'est pas négligeable, mais si la première visite chez la voyante a pu me bluffer, je commence à comprendre le mécanisme. Les cartes ne sont qu'un support. Lina connaît ses clients. Elle maîtrise les erreurs qu'ils répètent inlassablement jusqu'à les comprendre. À la longue, les cartes se mélangent et ne disent plus rien. Mado, en cliente régulière, me le confirme. Malgré tout, elle veut y retourner.

Et Lina me réclame pour terminer l'écriture de sa biographie. Je suis bien embêtée. Je pense abandonner ce projet dont je n'ai pas écrit une ligne. Mais Lina ne l'entend pas ainsi. Un jour, elle m'écrit pour obtenir la date d'une visite et m'appâte avec la perspective d'un poulet-frites. Je cède à l'envie de l'observer dans son quotidien, hors de la chambre d'amis, dans un moment aussi trivial qu'un repas dominical.

Rendez-vous est pris. Lina nous attend, Mado (qui a obtenu une consultation gratuite) et moi. Nous voilà ravies.

Mado m'attend en gare de Rennes, chaussures de randonnée aux pieds. J'en déduis qu'elle veut profiter de notre voyage à Brocéliande pour marcher dans la forêt. Nous nous arrêtons toujours à l'orée sans jamais y pénétrer. C'est l'occasion en effet. Je lui donne raison. Elle coupe court à mes délires. Je n'y connais rien, ce sont des baskets adaptées à la ville et elles lui ont coûté une blinde. Hors de question de les poser sur un sol non goudronné. Nous allons déjeuner chez Lina et repartir dans la foulée. Elle a organisé un repas le soir même avec des amies qui, selon elle, vont me plaire : « Elles sont féministes. » Je me demande d'où est née ma réputation d'appartenir à ce courant de pensée. Je ne me suis jamais définie comme telle. Mais je ne contredis pas Mado, avant tout par flemme de défendre mon point de vue. Elle aurait hurlé de rire.

Mon amie vient de passer son permis. Hors de Paris, c'était inévitable. Elle prend le volant et nous laissons la ville derrière nous. En regardant le paysage, je viens aux nouvelles. Mado répond à mes questions aussi lentement qu'elle conduit. À ce rythme, nous arriverons à l'heure du goûter. C'est tout de même plaisant d'être là, à discuter sans se presser. Les trajets en voiture sont propices aux confidences. Les regards ne se croisent pas. Seule la voix de l'autre nous guide. Je l'écoute, bercée par ses intonations chantantes.

Le travail l'épanouit. Elle a signé un CDI de chargée de communication dans un théâtre rennais. Elle loue un appartement spacieux près du centre à un loyer raisonnable. Elle envisage d'acheter.

En résumé, elle se sent bien en Bretagne où elle a grandi. Ce qu'elle ne dit pas mais que j'ai pu observer en squattant chez elle le week-end, c'est la difficulté inattendue à réintégrer une ville natale. Mado s'était absentée des années. Son cercle amical s'est dispersé et reformé ailleurs. Les premiers temps, elle s'est sentie esseulée, déboussolée. Célestine, la Parisienne, s'est intégrée plus facilement. Ses attentes n'étaient pas nostalgiques. Elle a construit sur du neuf, sans préjugé sur la ville, a arpenté les rues sans automatisme, prête à bifurquer si l'envie la saisissait. Mado et elle se sont beaucoup vues avant que Célestine ne s'éloigne. Je n'ai moi-même que peu de nouvelles. J'avoue ne pas en prendre souvent. La distance a fragilisé la relation mais le fil n'est pas coupé. Célestine a raréfié ses séjours parisiens. L'ère est aux visioconférences.

La capitale ne lui manque pas. La pollution, le bruit, l'indifférence, le stress, la plombent dès qu'elle sort de la gare Montparnasse. Elle a développé une phobie du métro et tombe systématiquement malade quand elle le prend. Ses parents, une fois à la retraite, ont investi leur maison de campagne dans le Berry. Les occasions de venir à Paris se sont réduites à peau de chagrin. Elle a fait le tri dans ses amis. Recommencer, c'est renoncer à ce qui aurait pu se passer ailleurs. Célestine a rencontré un gars sérieux. Elle est rapidement tombée enceinte. J'ai reçu la première échographie par texto, il y a quelques semaines. Je l'ai félicitée : elle a obtenu ce qu'elle désirait.

De son côté, Mado s'est constitué une petite bande de potes : « Beaucoup plus jeunes que nous, ils ont à peine trente ans. » Ça ne fait que quatre, cinq années de différence mais, dans sa bouche, on dirait une génération. Elle se tourne vers moi.

— En dehors des loyers, il demeure ici une différence avec Paris : les couples se forment plus tôt, se déforment moins vite et les enfants apparaissent en même temps que l'emprunt pour la maison.

Elle se sent en décalage.

— Je n'en peux plus des poussettes Yoyo.

Mado tente comme elle peut de conserver son estime d'elle-même et mène toujours sa croisade éperdue de l'amour. Les bons sont déjà casés, clame-t-elle. Ne lui reste que la plèbe. Les indécis. Les névrotiques.

Les machos. Les violents. Si ça continue, elle va bientôt remettre en question l'amour et son organisation sociale. En attendant, elle s'est inscrite sur Bumble. « C'est mieux que Tinder. » À mon tour de la dévisager. Elle comprend le sens de mon regard auquel elle répond d'un seul mot : « Lina. »

Elle se lance dans une explication un peu tordue, consciente de l'absurdité de la situation. Quand elle rencontre un prétendant, via l'appli, elle envoie son portrait par message à Lina. Comment fait-elle pour obtenir une photo ? Ma question naïve dévoile ma méconnaissance totale. Les profils sont parés de clichés en tout genre. Suffit de se servir. Donc, elle envoie une photo et Lina la rappelle peu après. Mado ne se déplace pas à chaque flirt jusqu'à Brocéliande, sinon elle passerait sa vie sur la route. Le téléphone, c'est plus simple. Et puis, quand l'occasion se présente, comme aujourd'hui, elle va chez la voyante pour un tirage plus conséquent. La conversation téléphonique, elle, ne dure que quelques minutes. Lina observe la photo, demande à Mado un chiffre compris entre un et dix et tire plusieurs cartes en conséquence. La voyante livre son interprétation : fiable, pas fiable. Mado est prévenue. La relation ne donnera rien. Ou au contraire, elle peut lui laisser une chance. Mado ne se fait pas confiance. Elle est attirée par les séducteurs. « Tu vas rester longtemps sur le bord de la route si tu ne changes pas de comportement », tonne la voyante. « Les bons gars, tu les jettes, tu ne prends que les mauvais ; les alcoolos, les fêtards, les chiens de pique. Jean qui rit, Jean qui pleure. Tu veux rester seule toute ta vie ? » Peut-être. Lina entretient une idée conventionnelle du couple. Or, Mado, malgré son désespoir affiché, se trouve là où elle le souhaite. Elle ne subit pas un coup du sort.

— Tu vis pour le drame, lui dis-je. Entre un enflammé et un gars sérieux, tu choisis lequel ?

Elle réfléchit avant d'avouer :

— L'enflammé.

Mado refuse de faire des concessions pour envisager une cohabitation. Elle veut vivre, vibrer, baiser, se sentir désirée et finir dévorée telle une héroïne de roman. Pas végéter mollement avec des types bien trop mous, effrayés par le choc mental d'une passion.

— Tu dois foutre les jetons à ces pauvres chatons.

Ma remarque la fait rire. La voyance l'aide à combattre ses démons. Au même titre que l'acupuncture et la psychothérapie. Elle cumule les méthodes.

Pourquoi pas la cartomancie ? Au risque que les voix extérieures finissent par la déglinguer. L'histoire de Mado m'évoque celle d'Ellen West. La mienne aussi. Mon propre récit m'évoque aussi celui d'Ellen West. À ce stade, je vois en tout individu une allégorie d'Ellen West. Non pas dans l'expression d'une pathologie lourde mais dans notre incapacité à penser librement tant le poids de la norme se révèle accablant.

Je suis tombée sur son nom dans *L'Approche centrée*

sur la personne, un ouvrage du psychologue américain Carl R. Rogers. Il évoque Ellen West (cas fameux dans le domaine de la psychiatrie) dans un chapitre intitulé « Solitudes ». Celle qu'on appelle « Ellen West » se donne la mort en 1921, à trente-trois ans, après avoir été internée pendant des mois. Quel mal la rongeait ? Ses journaux intimes, tenus assidûment pendant quinze ans, sont épluchés. Le diagnostic tombe : schizophrénie. Ellen West était « folle ».

Quand, dans les années 1980, Carl R. Rogers revient sur son parcours médicalisé, il opère une rupture avec ses confrères. Selon lui, Ellen West n'est pas une personne atteinte d'une pathologie lourde, mais une femme ayant perdu toute confiance en son propre jugement.

Le psychologue raconte que, au début de la vingtaine, Ellen West tombe amoureuse d'un étudiant. Ce prétendant, avec lequel elle se fiance, ne convient pas à ses parents, qui lui demandent de rompre. Elle obéit. Pour accomplir cet acte, elle valide le jugement de sa famille, bien qu'il aille à l'encontre du sien. Selon Carl R. Rogers, elle pense à peu près ceci : « Je m'imaginais ressentir de l'amour. Je croyais donner à mes fiançailles le sens d'un véritable engagement. Mais ce que je ressens n'est pas fiable. Je n'étais pas amoureuse. »

Se nier revient à dénigrer son être entier. À défaut d'écouter sa voix, elle écoute celle des autres. Sa confiance en elle s'effrite. Dans les semaines qui suivent, Ellen West se met à trop manger et à grossir – cela deviendra le principal symptôme de sa maladie. Peu à peu, elle se soumet aux avis extérieurs qui semblent connaître mieux qu'elle la racine du mal qui la gouverne.

Internée, obsédée par les aliments qu'elle ingère, baladée d'une clinique à une autre, suivie par différents analystes qui se contredisent, elle perd totalement les pédales. Jusqu'à s'éteindre pour obtenir le silence.

Je pense souvent à Ellen West. À la lumière de son histoire, je comprends la nôtre. Lina, c'est une voix supplémentaire dans le blabla quotidien. Quand bien même elle serait pertinente, elle grignote un peu plus notre autonomie de pensée. Les voix extérieures finissent par déglinguer. Surtout quand elles masquent leur autorité sous de belles paroles bienveillantes et surdynamisées. Au moins, Lina, avec ses gros sabots, est moins redoutable qu'un coach bien-être au ton mielleux. Lina, on la voit venir.

Et justement, nous la voyons. Elle prend le soleil sur le seuil de sa porte. Nous sommes arrivées, pile à l'heure. Midi trente. Sa mise est impeccable. Un pull rouge avec une jupe courte, des collants noirs et des bottes. Son visage est égayé d'un soupçon de rouge à lèvres. Des boucles d'oreilles accrochent la lumière. Elle est belle. Elle nous dévisage. Elle paraît anxieuse. Elle m'a expliqué lors de notre entretien qu'elle reçoit rarement des consultants à sa table. Notre venue bouscule ses habitudes. Finalement, Lina et moi misons toutes les deux sur la confiance instinctive. Nous avons baissé la garde en même temps.

Elle a noué peu d'amitiés au cours de sa vie, se concentrant sur sa famille. Elle ne tient pas à s'attacher. Les gens qui défilent dans son salon ne sont que des clients. Et ils doivent le rester. Elle craint, si elle offre davantage, d'être assaillie de demandes incessantes. Elle se fait déjà pister par certains consultants, avides de paroles, qui la rappellent deux jours après l'avoir vue. Les requêtes les plus pressantes sont celles relatives à l'adultère. Lina a beau dire « il ne quittera jamais sa femme », « elle ne lâchera pas son mari », l'espoir rend sourds les amants illégitimes. Ils rappellent. Lina les rabroue : « Arrêtez de chercher dans les cartes une autre réponse que celle-ci. Je vous le répète, il n'y aura pas de divorce. » Mais ils n'entendent pas. Et rappellent. Et reviennent. Elle m'a longuement parlé de cette femme qu'elle a vue à de nombreuses reprises pendant une décennie. La maîtresse d'un notable qui se ruinait en chambres d'hôtel et lingerie fine, tenue par l'espoir. Ne lui avait-il pas juré qu'ils partiraient ensemble une fois à la retraite ? Elle est décédée d'une crise cardiaque quand l'homme a quitté son cabinet de notaire en gardant son épouse. Je lui ai demandé, à la suite de cette anecdote, si les femmes souffraient plus que les hommes en amour. Est-ce qu'elle comptait des clients tout aussi malheureux ? Lina a balayé ma question clichée et m'a affirmé que les chagrins masculins étaient les plus douloureux. « Ils peuvent s'accrocher à une femme pendant des années, incapables de tourner la page. Ils ressassent et ressassent. Les femmes sont plus combatives. Elles évacuent la peine en se livrant davantage. »

Lina ne peut pas se permettre de s'épancher auprès de ceux qui viennent la consulter. Son rôle la tient isolée. Je n'ai pas mesuré la portée de mon acte en demandant un entretien. Je lui ai enfin offert la possibilité de prendre la lumière. C'est à son tour de se livrer. Je comprends son empressement à parler et son désir de me revoir.

La table a été dressée dans la salle à manger séparée du salon par un canapé. Nous sommes cinq. Le compagnon de Lina, Daniel, est présent. Sa fille Angélique nous salue d'un signe de tête. Elle m'a reconnue, je l'ai reconnue. Son bras est encore maintenu par une attelle. Elle suit mon regard et déclare qu'elle en est à sa troisième opération. Son ex s'est acharné. Elle s'assoit à ma droite, Mado à ma gauche. Daniel, en face. Lina est en bout de table. Elle demande à Mado d'ouvrir la bouteille de clairette, tandis qu'elle nous fait passer des toasts aux rillettes. Il y a un bref silence. Intimidées, ne sachant pas quoi dire, Mado et moi la remercions encore une fois pour l'invitation et, l'une après l'autre, nous nous extasions sur le choix des assiettes. Les liserés bleus sont charmants.

— Je n'ai pas sorti la vaisselle de Noël parce que ce n'est pas Noël, lance Lina.

Je réalise qu'il n'y a rien d'anodin à partager le poulet du dimanche. Nous sommes là pour une raison précise. D'ailleurs, la question qui taraude l'assemblée ne tardera pas à être posée. Elle ne viendra pas de la mère, mais de la fille. L'apéritif est en cours, le mousseux à peine versé dans les verres à pied. Angélique demande :

— Alors, ce livre ?

Tous les regards se tournent vers moi. Lina me fixe avec intensité.

Je me tais, hésitante. Je ne veux pas briser ses rêves avant le dessert : je n'écrirai pas la biographie qu'elle espère. Mado se racle la gorge et, en bonne copine, se met à débiter tout ce qui lui vient à l'esprit pour me permettre de réfléchir à ma réponse :

— C'est long d'écrire un livre. J'ai une copine qui vient de publier une nouvelle de soixante pages. Vous savez combien de temps ça lui a pris pour la rédiger ? Cinq ans ! Je l'ai achetée pour la soutenir, c'est mon amie après tout, mais je vous avoue que je redoute de la lire. Parce que si le résultat est mauvais, ça me ferait bien chier de lui annoncer qu'elle vient de gâcher ses meilleures années.

Quand elle se tait, je suis prête à prendre le relais. J'informe l'assemblée que je préfère attendre d'être seule avec Lina pour discuter de l'ouvrage, arguant qu'on ne dévoile jamais un travail en cours.

— C'est la règle.

C'est surtout lâche. Angélique lève les yeux au ciel. Par chance, ma réponse suffit à Lina qui déclare :

— Dans ce cas, mangeons.

Le poulet est servi.

La conversation prend peu à peu. Daniel se montre affable, blagueur. Mado est bon public, comme toujours. On cause du train qui est arrivé à l'heure, ce matin, en gare de Rennes. « Pour une fois. » De ces consultants qui appellent Lina même un dimanche. « Ça n'arrête pas. » De l'ex d'Angélique qui moisit en prison. « Jusqu'à quand ? » Lina raconte à Mado l'histoire de la postière pucelle. Elle l'aime vraiment bien, celle-là. « J'ai hâte qu'elle revienne me voir. » Lina veut connaître la suite. Mais force est de constater qu'une fois casés, ses clients délaissent Lina.

— Plus aucune nouvelle du jour au lendemain. C'est triste. Ils pourraient me passer un petit coup de fil.

Lina nous regarde :

— Comme votre copine.

— Laquelle ?

— Célestine.

— Elle est en couple et enceinte, l'informe Mado.

— Je sais. Mais elle pourrait appeler. Juste pour faire un petit coucou. Avant d'attendre son bébé, elle venait consulter une fois par semaine. Tous les mardis.

Nous tombons des nues. Une fois par semaine ? Elle

a dû se sentir désespérée. Maintenant que ses désirs sont satisfaits, le futur l'obsède moins. Célestine a dépassé l'angoisse du ventre vide. C'est sûrement ce qui l'a poussée à consulter Lina chaque semaine. D'abord pour trouver le bon type. Ensuite pour lutter contre le stress d'une potentielle infertilité. Mois après mois, alors que la ligne bleue ne daignait pas apparaître et qu'elle se tyrannisait pour comprendre ce qui clochait chez elle. Rien, lui disaient les médecins. Dans ce cas, pourquoi l'enfant n'arrivait-il pas ? Nous sommes tellement obligées à la performance, habituées à la rapidité, guidées par la science, que nous nous retrouvons bien démunies face à la part imprévisible de la nature.

L'arrivée du dessert nous cloue le bec. Daniel a préparé un fraisier, sa spécialité au temps où il tenait la pâtisserie du village. Nous poussons un cri de joie quand il dépose le magnifique gâteau sur la table. Il n'est pas peu fier de son œuvre, son large sourire en témoigne.

— Moi aussi, je suis passé sur la 3.

Il tente d'expliquer les circonstances de son heure de gloire télévisuelle. Son souvenir est imprécis, alors il veut chercher l'extrait qu'il a enregistré, lui aussi, sur une cassette.

— Tu vas voir, ça va te plaire. J'avais fait une pièce montée et l'avais apportée sur le plateau télé.

Son enthousiasme agace Angélique qui lui fait

remarquer d'un ton sec que je suis là pour sa mère, pas pour lui. À mon égard, c'est la plus méfiante des trois. Dans le fond, je la comprends et peux imaginer ses interrogations : pourquoi une inconnue, journaliste, qui parle comme une bourge, poserait-elle des mots sur sa famille ? Que puis-je y comprendre ? Que puis-je saisir d'eux sans plaquer ma vision du monde ? Les mots tuent. Vais-je envoyer sa mère sur le bûcher ?

Sa remarque a gelé l'ambiance. Peu après, la part de fraisier engloutie, on quitte la table. Lina époussette sa jupe, Mado s'est approchée d'une photographie accrochée à un mur. Lina suit son regard : « T'as vu comme on était beaux. » Il s'agit d'elle et de son époux décédé. Sur la photo, ils ont à peine vingt ans. Daniel ne semble pas se formaliser de la présence immuable du grand amour de la voyante. Lina en parle avec sa franchise caractéristique : « C'est le seul que j'ai aimé. » Cette femme qui conseille les autres en matière de couple a fait une croix sur les grands sentiments quarante ans plus tôt, à la proue d'un navire. Du moins, c'est ce qu'elle affirme, l'histoire qu'elle se raconte. Si on gratte un peu, elle finit par avouer qu'il y a eu un autre homme dans sa vie – en plus de Daniel avec qui elle vit depuis des années, par pragmatisme, tendresse, habitude, peu importe, ils partagent le quotidien et vieillissent ensemble –, dont l'influence fut considérable. Le moteur inavoué de sa carrière de cartomancienne. Ce n'est pas l'amour qui l'a fait carburer, mais le goût amer de la trahison.

Lina l'a rencontré par l'entremise d'une agence matrimoniale. Elle cherchait une affaire sérieuse. Un homme fidèle avec lequel refaire sa vie. Elle était veuve, encore jeune et très jolie. L'agence avait un nom à lui proposer et a organisé un premier rendez-vous. Le prétendant lui a plu. Un je-ne-sais-quoi de très séduisant dans son allure. Il habitait à Rennes. Ils n'étaient pas loin. Il se montrait prévenant et gentil. Il paraissait intelligent. Et gagnait bien sa vie. La couvrait de cadeaux. Semblait très épris. Voulait vivre une grande histoire. Lina y trouvait son compte. Ils se voyaient à l'hôtel, le plus souvent. Chez elle, c'était impossible, il y avait les enfants. Chez lui, non plus, ils n'y songeaient pas. Pourquoi ? Elle ne se posait pas la question, de crainte peut-être d'obtenir une réponse qui irait à l'encontre de ses sentiments. Le temps passant, elle a senti que quelque chose clochait. L'histoire était bancale. Il était souvent injoignable, soi-disant en déplacement. Elle n'y croyait pas. Alors Lina a fait ce qu'elle s'était juré de ne pas faire : elle a tiré les cartes. L'envers des mots doux lui a sauté au visage. Le tirage était formel : l'homme menait une double vie. Sa femme et ses deux enfants l'attendaient à Rennes tandis qu'il batifolait avec elle. Un chien de pique. La déconvenue a été rude. Il lui mentait depuis le début. Blessée, elle enrageait d'avoir été trahie. Le point de rupture a été atteint et sa naïveté s'est envolée.

Elle l'a fait avouer. Je suis cartomancienne, imbécile, j'ai tout vu. Il n'a pas nié. Elle a rompu, a porté plainte contre l'agence matrimoniale pour publicité mensongère et s'est noyée dans le travail. Maintenant, elle ne compterait que sur elle-même. Immatriculation de son activité, création du pseudo, achat de sept jeux de tarots. Elle s'est mise à battre les cartes et les clients se sont faits de plus en plus nombreux. La confiance qu'ils lui portaient renforçait sa conviction d'être à la bonne place. Lina voulait débusquer le mensonge derrière les faux-semblants. Elle s'y essayait avec acharnement. Ne disait rien qui contredisait ce qu'elle sentait. Son absence de complaisance séduisait. Elle traqua les fraudeurs, les doubles jeux, les faux-culs. C'était son job. Ou sa vengeance. Le service qu'elle pouvait rendre aux autres. Qu'ils la croient ou pas, ce n'était plus son problème. Elle avait le sentiment du devoir accompli. Sentiment renforcé par la fidélité de ses consultants avec qui elle tissait des liens étroits. Si elle se trompait, ils lui pardonnaient. S'ils espéraient qu'elle se trompe, ils la harcelaient. Quand ils avaient résolu leurs soucis, ils disparaissaient. Ils ne parlaient que d'eux.

— Je l'ai trouvée ! s'exclame Daniel en agitant une cassette.

Il vient de vider une armoire dans le salon. Mado se marre.

— Vous avez encore un magnétoscope ?

Pas dans la pièce à vivre, manifestement, mais peut-être dans le garage, conservé dans un carton. Daniel part en quête de la machine. Lina se tourne vers moi et me tend une liasse de feuilles.

— J'ai tout imprimé.

Elle me regarde d'un œil brillant. Angélique, qui suit la scène, assise dans le canapé, précise ce que sa mère n'ose pas me dire.

— Elle se réveille la nuit pour écrire. Elle t'attendait avec impatience. Elle veut que tu la lises.

Le moment devient solennel. On me fait asseoir dans le fauteuil en cuir le plus confortable. La consigne est donnée de ne pas me déranger pendant que je lis. Lina part dans la chambre d'amis tirer les cartes à Mado. « Une séance gratuite pour une cliente fidèle. » Angélique reste à mes côtés, à jouer à Candy Crush. Le son coupé, évidemment. La liasse compte une trentaine de pages, numérotées à la main. Lina y narre dans les deux premières ses souvenirs d'enfance.

Je fais la connaissance d'une petite fille qui trouve refuge dans les livres tant la réalité manque d'imagination. Elle connaît par cœur *Les Malheurs de Sophie*, qu'elle lit et relit, sans se lasser des péripéties de l'héroïne à laquelle elle s'est identifiée. La référence me fait sourire tant j'ai moi-même apprécié cette Sophie quand j'étais enfant. Lina décrit l'amour inconditionnel qu'elle a porté à sa mère. Elle bénit l'image de cette grande brune, les chevilles découvertes, un seau à la main, cherchant des bigorneaux et des palourdes, à marée basse. Elle écrit qu'elle n'était pas si mal lotie. Son quotidien était ritualisé. Son oncle instituteur leur faisait classe le matin avec ses frères et sœurs. Il leur apprenait tout sur la nature, les arbres, les champignons. Il s'arrêtait à midi pour les laisser manger. Avant de reprendre en main leur éducation jusqu'à seize heures. Ensuite les enfants galopaient chez leur grand-mère, pour prendre le goûter, un petit pain au lait et un carré de chocolat. Non, vraiment, elle s'est sentie bien entourée. Avant qu'un évènement ne fasse basculer son enfance dans la souffrance.

Elle a huit ans et ses poumons s'enflamment. Elle est atteinte de la peste blanche. Qui lui a transmis le bacille de Koch ? Nul ne le sait. Jeannick est placée dans un préventorium auprès de jeunes enfants, atteints comme elle de tuberculose. Elle y reste une année. Chaque vendredi après-midi, la même scène se produit. Elle sort dans la cour. Ils sont plusieurs à attendre, une petite valise à la main, près de la grille. Ils s'en vont passer la fin de semaine en famille. C'est un flot qui s'échappe vers des mains tendues d'adultes. La cour se vide et Jeannick se rapproche de la rue. La nuit tombe. La grille est fermée. Elle tient les barreaux à deux mains. Personne n'est venu la chercher. Que fait sa mère ? L'a-t-elle déjà oubliée ? Elle regagne le dortoir vidé de ses occupants, elle s'agenouille devant son lit. En larmes, elle joint les mains devant sa poitrine. Ses lèvres s'ouvrent et, d'une voix frêle, elle prie. « Si Tu m'aides, j'aiderai à mon tour. » Quand les médecins la déclarent apte à regagner son domicile, une année est passée sans recevoir la moindre visite. Elle a neuf ans et la bigoterie d'une petite vieille, tant elle a supplié le ciel d'intervenir pour soulager sa peine. Elle se sent seule et, dorénavant, elle doute de l'amour qu'on lui porte.

Les larmes me montent aux yeux. Je suis d'une sentimentalité déplorable. Angélique me scrute. Nos regards se croisent. Elle glisse : « C'est touchant, hein ? » Je fais un mouvement de tête tout en parcourant les pages dont je reconnais le contenu. Le rêve orange, la dame pucelle, Ploubaz FM. Les trois derniers feuillets retiennent mon attention. Il s'agit de témoignages de consultants. Lina les a contactés pour les prier d'attester de la qualité de ses tirages. Évidemment, les personnes qui ont joué le jeu ne tarissent pas d'éloges à son égard. Le mot « coach » revient très souvent. Davantage que « avenir, voyance ou divination ». Lina tient la main aux gens. J'y trouve également le témoignage de sa petite-fille étudiante à Toulouse qui adore sa grand-mère « fabuleuse et généreuse ».

Cette lecture m'achève. Lina a tant fantasmé ma

démarche et ma plume, elle ne pourra qu'être déçue. Je ne la juge pas extraordinaire. Je la trouve indépendante d'esprit. Ce qui est rare, certes. Et même si je lui concède une grande intuition, renforcée par le cumul des confrontations humaines, je ne peux attester ses qualités médiumniques. Je manque de faits. Je ne veux pas déboulonner cette femme qui veut « bien » faire – je laisse le privilège aux philosophes de disserter sur cette notion de bien.

Lina apparaît dans l'encadrement de la porte. Mado la suit de près. Je lui fais signe que je suis prête à m'entretenir avec elle. J'ai tout lu. « Déjà ? » Oui, je lis très vite. Dans la chambre d'amis, j'annonce de but en blanc que je ne suis pas en train d'écrire sa biographie. Je lui dis aussi que, si je devais choisir un angle, ce serait l'amour. L'envie a fait son chemin. Nous prenons tellement de gamelles. Il y a matière à raconter. « Je vais écrire sur le sentiment. » Lina hoche la tête. « Très bonne idée. »

Je ne me rappelle plus la suite de la conversation. Je la revois battre un paquet. Elle le fait sans y penser, par habitude. Je songe, quand même, cette femme vaut le déplacement. Il me faudrait l'écrire sans nous trahir.

Nous sommes assises autour de la table minuscule. Ses jeux reposent sur sa gauche. J'ai envie qu'elle lise mes cartes. Je reformule avec plus de sincérité : je meurs d'envie qu'elle lise mes cartes. Je ne sais plus si je formule mon désir ou si elle le devine. Toujours est-il qu'elle dispose un premier paquet au centre du tapis. Je coupe et pioche treize cartes. L'impatience monte. Mon dernier tirage date de plusieurs mois. Je l'ai laissée sur « un homme amoureux dont je serais très amoureuse ». À table, je n'ai rien raconté de ma vie privée. Je garde secret l'homme marié. Elle, a oublié son interprétation passée. Nous repartons de zéro.

Les treize cartes sont étalées en arc de cercle devant elle. Trois sont retournées : un roi de carreau, un nuage et je ne sais quoi.

— Il ne divorcera jamais.

Le coup me sonne. Je la déteste. C'est viscéral. Je serre les poings. Muette.

— Ça te ferait du bien, une explication. T'en aurais besoin pour avancer. Mais ne compte pas sur lui. C'est pas son genre.

J'attaque :

— Tu l'as vu dans mon jeu.

Je transgresse la règle du silence absolu que je me suis fixée. Je dois la confronter à ses dires. Elle relève la tête, l'air perdu. N'a-t-elle aucune mémoire ?

— Tu t'es fait marabouter ? Je te vois bloquée dans le passé. Attention à ce que tu fabriques sur internet, c'est bourré d'escrocs !

— Je n'ai jamais parlé à un marabout. (Je note l'idée cela dit, ça ferait un bon sujet.) Je reprends :

— J'ai fait une séance d'hypnose.

— Ça marche bien, l'hypnose.

— Un peu trop.

Lina, le regard tourné vers les cartes, puis de nouveau sur mon visage :

— Faut que t'ailles voir un psy. Tu dois te libérer de ton histoire.

J'en reste bouche bée. C'est tout de même de sa faute si j'ai ouvert la boîte de Pandore. Dans quelque temps, je ne penserai plus « de sa faute » mais « grâce à elle ». Une plaie doit être vidée de son pus pour guérir. La méthode est atypique mais efficace. Pour le moment, je suis furieuse de l'avoir crue et d'avoir agi en conséquence. Je rumine, jamais plus je ne reverrai cette sorcière. Lina, imperturbable, continue de triturer ses cartes. Elle me fait tirer un autre jeu. Puis un autre.

Triomphante, elle lance :

— Je vois le prochain. Ce n'est pas celui auquel tu crois. Il fera tout pour te séduire.

— Je n'aime pas les séducteurs.

— T'en parleras à personne. Même pas à tes copines.

— Pourquoi ferais-je un truc pareil ?

(Je songe : le gars sera taré.)

— Tu auras peur qu'on te le pique.

Je soupire.

— Dans ton livre sur l'amour, tu diras que tu es tombée amoureuse. Je le vois. Il est là. Ce sera encourageant pour les lecteurs. Ils ont besoin d'espoir ! Y a plein de gens dans ta situation. Tu dois leur montrer qu'une fin heureuse est possible.

(Je songe : j'écrirai si je veux, la fin que je veux. Si je désire placer l'homme marié, je le place.)

— Tu ne t'en sortiras jamais si tu refuses de vivre dans la réalité.

(Je songe : mon imaginaire me permet d'écrire. C'est mon métier d'inventer des histoires.)

On se dévisage, comme deux gangsters dans un western de Clint Eastwood. Il est temps de mettre fin à cette conversation qui part en sucette. Prendre de la distance. Rouler. Avancer. Je commence à étouffer. Je me lève, la remercie froidement et ouvre la porte. Je tangue en avançant dans le couloir. Mado est sur son téléphone dans le salon. Quand elle me voit, elle fronce les sourcils. D'une voix qui se veut chaleureuse, elle annonce notre départ.

— Merci beaucoup, pour tout, mais nous devons prendre la route. Nous sommes attendues à Rennes.

Je ne desserre pas les lèvres du trajet. Nous écoutons de la musique sans parler. Mado glisse : « Lina est timbrée. » Je comprends qu'elle aussi s'en est pris plein la gueule. J'acquiesce, oui, elle est timbrée. Elle est pertinente sur le présent mais elle se plante sur la suite. C'est con pour une voyante.

Je me sens paumée. Ni l'une ni l'autre n'avons la force d'affronter ses copines féministes. Mado décommande le dîner. Je repars le lendemain pour Paris, vaseuse comme après une beuverie.

Je ne veux plus entendre parler de la voyante. C'est fini. Elle m'a embobinée avec ses conneries de prédictions à la noix. Je suis allée trop loin dans l'expérience auprès d'elle. Ma colère met des mois à s'atténuer. Ma peine aussi : je vis le deuil d'une relation hypothétique. C'est tortueux de renoncer à la douceur du fantasme.

Il est vrai que je ne reconnaîtrais pas l'homme marié si je le croisais dans la rue. J'ai essayé de remonter le temps et comprends désormais que l'entreprise était illusoire. Le regret n'est pas légitime. Toutes ces vies que je n'ai pas eues, tous ces choix que je n'ai pas faits, toutes ces décisions que je n'ai pas prises, ce monde imaginaire impitoyable des « et si et si et si », ne sont qu'une vaine façon d'occuper mon esprit. Les choses se sont passées ainsi, les choses se passent ainsi, les choses se passeront ainsi. Je ne suis pas cette autre que j'invente a posteriori.

Quand je me sens plus apaisée – il est toujours

étonnant de constater à quel point tout passe, bien qu'il m'ait fallu plusieurs mois –, reste l'envie d'écrire la manière dont nous nous sommes laissées embarquer par la voyante, tant l'amour nous essore.

J'en discute avec une éditrice dans un bar à Belleville. L'idée ne la touche pas. « Comment une fille comme toi a pu voir une voyante ? » Je hausse les épaules. Je n'ai aucune idée de ce que peut être une fille comme moi, j'imagine une nana d'une effroyable banalité. « Le pire, c'est que tu la crois. » Oui, je la crois. Du moins, je l'ai crue. Enfin, je ne sais pas, c'est compliqué. Les sens et la raison n'ont cessé de se contredire ; cette histoire m'épuise. J'ai besoin de l'écrire.

Je pars de Paris quelque temps, pose mes valises dans une zone blanche à la campagne et rédige plusieurs versions. Quand mon portable capte, des messages de Lina apparaissent. Elle affiche son impatience. Elle veut me lire. Elle semble avoir oublié notre dernière conversation. J'ai beau dire : « J'écris sur le sentiment amoureux, tu n'es qu'un élément de l'histoire, tout ne tourne pas autour de toi ! », elle n'entend rien et ne manque jamais, à chaque message, de me rappeler le nombre de clients (quatre-vingts) qui attendent la publication. Pourquoi est-ce aussi long ? « Je l'écrirais moi-même, ça irait plus vite. »

J'ignore ses relances tout en culpabilisant. Je prends d'elle ce qui me plaît et jette le reste. J'ai manqué de recul et lui fais payer ma crédulité. Je sais que je lui retrouverai des mérites et qu'à la première embûche sentimentale, je serai tentée de la rappeler, juste pour voir ce que les cartes diraient.

Et c'est ce que je fais.

De retour à Paris, je rencontre un homme dans un cadre professionnel. La phase de séduction n'est qu'ambiguïté. Rien n'est dit, tout se sent. Les jeux de regards se multiplient. Je devine son trouble. La boîte de Pandore est vide, je suis libre d'aimer. Pour autant, je deviens très méfiante. Il faut croire que je vieillis (et que je vieillis mal). J'ai perdu confiance. Je doute de mon jugement et de mes sensations. Est-ce que je lui plais ? Est-ce que je fantasme la situation ?

Il me faut Lina. Mon oreille n'est plus vierge. J'ai compris le sens du mot « interprétation ». Elle ne représente plus un danger à mes yeux.

Je ne peux pas débarquer chez elle les poches vides après l'avoir ignorée pendant des mois. Je mets sur une clé USB la dernière version du manuscrit pour la lui donner en main propre. C'est ce que je lui annonce au téléphone. Elle me donne sa nouvelle adresse dans les Côtes d'Armor. Elle est retournée sur ses terres natales « pour ses vieux jours ».

— Je suis contente de te voir.

Moi aussi.

Sa maison est située à deux cents mètres de la mer, dans un des plus beaux villages de France (selon moi). Je la félicite sur le seuil de la porte.

Elle s'est fait couper les cheveux. Elle porte une polaire chauffante qu'elle allume ou éteint selon son envie. Je n'ai jamais vu une veste pareille. Elle est très fière de son acquisition. Elle semble en bonne santé. Elle vient de se faire opérer, un changement de pacemaker. « Je suis repartie pour huit ans. » Je l'ai connue à soixante-douze ans et ce chiffre s'est fixé dans mon esprit. Or, le temps passe et elle doit avoir soixante-dix-sept ans.

Elle me fait entrer dans le séjour. La décoration flamboyante me rappelle que nous sommes en décembre. Le meuble de la télévision est recouvert de santons. Le sapin frôle le plafond. Lina ricane : « On m'appelle la mère Noël. »

Je m'installe à la table, elle me propose un café.

J'en ai déjà bu cinq sur la route mais j'accepte. Le soleil traverse les baies vitrées et me caresse le dos. C'est agréable. Je me sens bien. Son compagnon Daniel entre dans la pièce. Il me salue. Il part à la banque, me dit-il. L'explication est confuse. Il parle d'une grosse somme d'argent, dont je ne comprends pas l'origine, avec laquelle il a fait des folies. Je m'attends à un bateau, une moto, un voyage à Vegas. En réalité, il a acheté un appareil électroménager, ou une télévision, je ne sais pas. Toujours est-il qu'il reste un millier d'euros sur son compte. Il en a déjà dépensé deux mille. Il se sent riche. Il veut en discuter avec son banquier. S'ensuit un débat. Lina ne veut pas qu'il dépense cette somme. Ils s'apprêtent à passer une semaine à Paris. La voyante rêve de boire une coupe au Lido, d'acheter des cadeaux pour ses petits-enfants et de voir les vitrines animées des grands magasins. Ils logeront chez une cousine de Lina, infirmière, qui aime bien se faire lire les cartes. Elle les hébergera en échange d'un tirage. Daniel ne peut décemment pas dépenser son argent dans des broutilles. Lina est agacée. S'il savait gérer un budget, ils pourraient rester plus longtemps sur place : les frais de bouche crèvent le portefeuille.

Daniel me demande si je ne me suis pas ruinée en essence pour venir jusqu'ici. Je confirme avoir perdu un bras sur le chemin. Ma remarque l'amuse : ils iront à Paris en train.

Daniel nous laisse, je bois mon café, Lina prend

de mes nouvelles. Je lui raconte mon séjour à la campagne. Le cadre était parfait pour écrire. Elle part chercher son ordinateur et je transfère le manuscrit depuis la clé.

Je suis stressée. Je ne me suis pas trahie en écrivant, j'ai collé au plus près de ce que j'ai perçu. Je crains de la blesser. Je me sens toujours un peu snob, un peu intello, un peu trop journaliste. Je prends conscience que je n'ai pas envie que Lina disparaisse de ma vie. Je ressens de la tendresse à son égard. Sa brutalité est sage.

— Je lirai quand tu seras partie.

J'acquiesce.

On se lève. Je ne sais pas quelle direction prendre. Elle me montre une pièce qu'elle désigne comme son bureau. Un temps, Angélique l'a occupée avant de trouver un logement social. La mère et la fille ne vivent plus sous le même toit et c'est un soulagement pour Lina. Elle bat un paquet tout en déplorant leur relation. Il y a de la tristesse dans sa voix. Elle a conseillé des milliers de personnes. Des inconnus lui ont fait confiance. La seule qui s'est entêtée à la dénigrer, c'est sa fille. Lina ne comprend pas ses choix. Elle se sent démunie face à la surdité filiale. Elle lui a enseigné les cartes mais c'était peine perdue.

— Il faut être bien dans sa tête pour aider les gens. Sinon, tu les tires vers le bas.

Je ne sais quoi dire, si ce n'est qu'elle ne peut pas tout. Je glisse une phrase un peu bateau.

— Laisse ta fille faire sa vie.

Lina se tait, pose le paquet sur le tapis, me demande de couper puis de tirer treize cartes. Le tirage est complexe, on rit beaucoup, je parle plus qu'à mon habitude. Je sollicite son avis plus que son flair : il me semble avoir trouvé la bonne distance. Je m'adresse à elle, comme je m'adresserais à une grand-mère. Lina finit par conclure :

— Je ne comprends rien à ta vie, elle est trop compliquée.

La remarque a le mérite d'être honnête. Je la quitte peu après, d'excellente humeur. La suite sera inévitablement meilleure. Je reprends la route, fais une halte chez Mado pour la nuit, puis rentre à Paris.

Lina me rappelle vingt-quatre heures plus tard. Elle a lu trois fois de suite le manuscrit. Sa voix est amusée. Elle a reconnu mes amies malgré mes précautions pour les rendre anonymes, à leur demande, en changeant les prénoms, les métiers et certains détails de leur parcours.

Lina se met à rire :

— Tu ne m'épargnes pas non plus.

Moi qui pensais la vexer, je me suis fait du souci pour rien : Lina se reconnaît dans le portrait que j'ai brossé d'elle. Elle souligne une erreur :

— T'as confondu mes filles.

Et me questionne sur la fin, pas encore écrite. Lina insiste pour que je termine sur une note d'« espoir ».

Elle utilise souvent ce terme qu'à l'inverse je n'emploie jamais. Qu'en dire ? Ne me suis-je pas pris des claques par excès de confiance ? Est-ce que la réussite tient à l'assurance ? Je ne sais pas. La seule chose qui me vient à l'esprit, c'est l'image d'une bouteille d'eau qui représenterait l'humain. Les émotions agiraient comme une machine à gazéifier. Suffit d'attendre après avoir ôté le bouchon et l'eau redevient plate.

N'est-ce pas encourageant ?

Tout passe dans la vie. Tout.

Il ne s'agirait que d'assumer.

Épilogue

Depuis notre virée à Brocéliande, Pauline s'est faite rare. Je parviens à la voir entre deux tournages, un soir, dans une pizzeria. Elle se pointe en retard, hilare et, à peine assise, m'annonce de but en blanc son intention de quitter Paris.

C'est une hémorragie. La capitale se vide de mes amies. Je soupire. Pauline s'explique : loyers, rythme, agressivité, pollution, tout doit baisser d'un cran. Elle veut mieux disposer de son temps, réduire le coût de ses charges fixes et ne plus courir après l'argent.

— Et tu t'installerais où ?

Ses yeux brillent quand elle lâche :

— En Bretagne.

Elle semble si emballée, je croise les doigts pour que son envie devienne réalité.

La conversation dérive. Je lui parle de cet homme qui me plaît et avec lequel je ne sais pas sur quel pied danser. Le visage de Pauline se crispe.

— Je déteste cette phase dans une relation.

L'incertitude amoureuse la tétanise. J'aurais pu le deviner. Pauline drague mais ne donne pas suite. Les années passent, son célibat s'éternise et l'inquiète. Selon ses dires, son pouvoir de séduction est en chute libre. Je la rassure. On sort moins, on travaille plus, on se méfie davantage. L'adulte est pénible. Il nous faudrait rester enfant pour toujours essayer. Rien que ça : essayer. Quitte à se planter.

Pauline rit et, dans ce rire, j'entends sa tristesse d'être ralentie par le doute. Son esprit est pollué par les piques incessantes qu'elle se lance à elle-même, histoire de s'enfoncer davantage. Elle ne perçoit pas son mouvement.

Elle passe une main dans ses cheveux et, avec une négligence trop calculée pour être crédible, elle aborde le sujet qui la passionne, bien plus que les hommes, les finances et les projets immobiliers :

— Où en est ton projet de livre sur la voyance ?

Je hausse les épaules, c'est en cours. J'en profite pour lui demander si elle a mis fin à sa consommation irraisonnée de tirages en ligne.

Elle me dévisage et je comprends qu'elle s'y adonne toujours. Si elle se méfie des voyants depuis sa mésaventure avec la Delphine qui prédit tout et n'importe quoi au volant de sa voiture, elle a des rechutes, des moments où le sentiment de perdre pied la pousse à recontacter un panel entier de charlatans jusqu'à claquer, de nouveau, un cachet. C'est son vice. Ou sa faiblesse.

— La voyance ne m'a pas rendu service. Au contraire. Je me suis enlisée.

Elle n'entendait plus sa voix. J'imagine que ce sera son regret – et le mien aussi, a posteriori, je pense ne regretter qu'une chose : ne pas avoir suffisamment écouté ma voix, ne pas l'avoir prise au sérieux, parce que l'autre, en face, qui gesticule, qui fait du bruit, qui brasse l'air d'un ton assuré, il semble qu'il sait, lui, qu'il sait mieux que moi.

Or, c'est faux. Il n'est pas plus avancé.

D'ailleurs, me confie Pauline, elle n'a pas accroché « plus que ça » avec Lina. Elle lui préfère Marie, la femme du téléphone, qu'elle n'a jamais cessé de contacter.

— C'est comme une amie encourageante.

C'est sa psy. En gros.

Lorsque je quitte Pauline en fin de soirée, soucieuse, je songe à nos existences, à ces schémas qui se répètent inlassablement, sans possibilité de les rompre. Pourquoi devenons-nous si rigides, une fois adultes ? Je m'endors en pensant à la remarque d'un copain kinésithérapeute : « La vie, c'est le mouvement. »

Plusieurs semaines plus tard, Pauline grimpe dans sa voiture remplie de cartons. Elle a lâché son appartement et son atelier. Elle a trouvé une location dans un village paumé, à deux cents mètres de la plage.

Elle roule huit heures d'affilée.

Elle pose un pied sur le sol breton.

Elle se demande ce qu'elle fout là.
Le village est désert.
C'est la nuit.
Il pleut.
Il fait froid.
C'est la lose absolue.
Qu'est-ce qui lui a pris de quitter Paris ?
Il y a de la lumière dans un café.
Pas un client, pas un chat.
Juste un type qui essuie des verres en écoutant de la musique.
Elle tape à la vitre.
Il lui ouvre.
Elle entre.
Lâche ses sacs.
Commande une bière.
Enfin, elle lève les yeux.
Il lui sourit.

« C'était si simple. »

Références

Si j'ai pu prendre quelques libertés pour renforcer le récit, privilégiant parfois l'efficacité de la mise en scène à une restitution exacte des faits, mes lectures, tout autant que mes rencontres sur le terrain, ont nourri l'écriture de cet ouvrage. Je tente ici de restituer mes sources, sans pour autant promettre l'exhaustivité, et de développer certains points.

Page 19 : La consultation chez la gynécologue.

Le médecin et romancier Martin Winckler, dans son ouvrage *Le Chœur des femmes*, restitue avec brio la relation psychologique très particulière qui se noue entre le praticien en gynécologie et sa patiente. Ce n'est pas anodin d'être à poil, les jambes écartées, en pleine lumière, et de parler contraception ou maternité.
Martin Winckler, *Le Chœur des femmes*, Paris, P.O.L, 2009.

Page 22 : Les chaises musicales en open space. Quel est l'intérêt de passer ses journées sous les yeux de ses collègues ?

Dans *La Fabrique du conformisme*, le sociologue Éric Maurin explique que l'émulation incite les individus à se conformer les uns aux autres, notamment dans un cadre professionnel. « C'est un sentiment qui pousse à faire aussi bien que les autres, y compris lorsque nous ne les connaissons pas, ne les reverrons jamais et même si l'enjeu est faible. Elle est l'un des ressorts profonds du contrôle que nous exerçons constamment les uns sur les autres. » On comprend ainsi l'intérêt pour l'entreprise de placer ses employés en open space, voire de supprimer des chaises.
Éric Maurin, *La Fabrique du conformisme*, Paris, Seuil, coll. « La République des idées », 2015.

Page 23 : Pourquoi Célestine serait-elle accablée de ne pas être mère ?

Autrement dit, peut-on être femme sans être mère ? Pour y répondre, je convoque la journaliste et essayiste Mona Chollet dont les écrits trancheraient : « Oui, mais. » Et ces quatre lettres concentrent les innombrables agressions – aussi minimes soient-elles – de la société, envers celles qui ne souhaitent pas ou ne peuvent pas avoir d'enfant.
En 2007, sur son blog *Périphéries*, Mona Chollet écrivait : « La cohorte de procès d'intention et de préjugés auxquels s'expose une femme qui ne souhaite pas "*passer par la case maternité*", la réprobation ou le harcèlement plus ou moins déguisés qu'elle s'attire – et devant lesquels elle a intérêt à garder son calme, tout accès de colère risquant d'être interprété comme une confirmation des soupçons qui pèsent sur elle ! – révèlent un refus persistant, dans des sociétés pourtant considérées

comme modernes, d'admettre que féminité et maternité puissent ne pas se confondre. »
Article : http://www.peripheries.net/article308.html
En 2018, elle réitère son propos dans son ouvrage *Sorcières*, en arguant que les femmes qui ne veulent pas d'enfant sont vues comme les sorcières d'aujourd'hui.
Mona Chollet, *Sorcières. La Puissance invaincue des femmes*, Paris, La Découverte, coll. « Zones », 2018.

Page 32 : Ai-je raison d'affirmer que le couple est une institution pour les trentenaires ?

Oui, si on en croit les chiffres. D'après l'INSEE, en 2020, à l'âge de trente-cinq ans, 72,3 % des femmes interrogées et 68,9 % des hommes vivaient en couple.
À noter tout de même, l'évolution de nos mœurs. Depuis trente ans, le nombre d'individus se déclarant en couple ne cesse de baisser. En 1990, 80 % des femmes déclaraient vivre à deux.
https://www.insee.fr/fr/statistiques/5209673#figure1_radio1

Page 33 : La série *Dirty John*, saison 2.

Mon analyse de l'affaire Betty Broderick s'appuie sur la série télévisée *Dirty John*, dans laquelle la scénariste prend parti : le mari est coupable de ses mensonges et Betty, victime de son mari. Cette interprétation de la femme bafouée m'a touchée. Je n'ai pas creusé davantage le profil psychologique de la « vraie » Betty Broderick.
Dirty John, saison 2, écrit par Alexandra Cunningham.

Page 67 : Être cartésien ou cartésienne.

Ce synonyme « d'esprit logique » porte bien son nom. René Descartes a établi au XVIIe siècle une méthodologie pour dissocier le vrai du faux. Il ne validait que les faits soumis à l'expérience. On pourrait dire que c'est l'ancêtre du journaliste mais ce serait réduire son impact. Descartes a été au fondement d'une révolution qui a ouvert notre nation à la connaissance. Les scientifiques ont crié youpiii, les croyances allaient disparaître, avant de déchanter : les croyances n'ont jamais disparu. Qu'est-ce qu'il fout, l'humain, à prier Dieu, tomber amoureux et croiser les doigts ? Certains conclurent à la bêtise. D'autres, plus fins, comme le sociologue Gérald Bronner, y voient une logique qui fait sens à l'échelle individuelle.
René Descartes, *Discours de la méthode*, Leyde, 8 juin 1637.
Gérald Bronner, *L'Empire des croyances*, Paris, PUF, 2003.

Page 83 : Le besoin irrépressible de connaître la suite.

J'ai trouvé des réponses auprès du philosophe Friedrich Nietzsche, dans le cadre d'un cycle de l'émission sur France Culture « Les Chemins de la philosophie ».
https://www.radiofrance.fr/franceculture/podcasts/serie-quatre-malentendus-nietzscheens

Page 86 : Les fines pensées de Blaise Pascal.

« L'homme n'est qu'un sujet plein d'erreur, naturelle et ineffaçable, sans la grâce. Rien ne lui montre la vérité. Tout l'abuse. Il faut commencer par là le chapitre des puissances trompeuses. Ces deux principes de vérité, la raison et les sens,

outre qu'ils manquent chacun de sincérité, s'abusent réciproquement l'un l'autre. »
Blaise Pascal, *Pensées*, fragment « Disproportion de l'homme », 1670.

Page 151 : La fin du monopole d'État sur le paysage audiovisuel.

En 1981, François Mitterrand a réglé le problème des radios pirates en autorisant les initiatives privées, sous condition qu'elles aient le statut d'association. La publicité était interdite sur les ondes. Au cours des années suivantes, de nombreuses radios ont cessé d'émettre, faute de moyens financiers.

Page 201 : Toutes ces vies non vécues.

Courrier international a publié en 2021 une enquête sur la tentation d'imaginer « une vie non vécue ».
« Nous avons des vies non vécues pour une foule de raisons : parce que nous faisons des choix, parce que la société nous contraint, parce que les événements nous forcent la main, [...]. Cela ne va pas sans douleur, mais c'est une douleur étrange, hypothétique, paradoxale. » Ces vies non vécues seraient une illustration de notre vie moderne.
« Sans doute le capitalisme [...] a-t-il augmenté le volume de ces vies non vécues. Les publicitaires nous vendent leurs produits en nous proposant de nous imaginer en versions améliorées de nous-mêmes, alors même que nous n'avons qu'une seule vie à vivre. »
Joshua Rothman, « Ce que nous apprennent nos vies non vécues », article du *New Yorker*, traduit en français dans *Courrier international*, 4 juillet 2021.
https://www.courrierinternational.com/article/idees-ce-que-nous-apprennent-nos-vies-non-vecues

Page 162 : La puissance d'un fantôme.

L'écrivaine américaine Leslie Jamison, dont les nouvelles de non-fiction littéraire sont une source d'inspiration inépuisable pour décrire les relations humaines, a cette phrase que j'adore et reprends à mon compte : « La puissance d'un fantôme tient à son absence. »
Leslie Jamison, *La Baleine solitaire et autres textes habités,* Pauvert, Fayard, Paris, 2022.

Page 162 : Comment envisageons-nous l'avenir ?

D'après le sociologue Gérald Bronner, notre projection du futur suit « la pente de notre présent : nous pensons la continuité de ce qui est, plus facilement que la rupture ». Or, les ruptures sont fréquentes, les hasards également, bien qu'ils soient « l'explication la plus détestable des choses ». En résumé, rien ne se passe comme prévu et, tous, du voyant jusqu'au probabiliste, se cassent la gueule en prédisant l'avenir car l'intuition ne peut se développer que dans un environnement régulier.
Gérald Bronner, *L'Empire des croyances*, Paris, PUF, 2003.

Page 183 : Le cas Ellen West.

Carl R. Rogers, *L'Approche centrée sur la personne,* anthologie de textes, Paris, Ambre Éditions, 1989.
Pour retrouver des extraits des journaux intimes d'Ellen West : Ludwig Binswanger, *Le Cas Ellen West, deuxième étude*, traduit de l'allemand par Philippe Veysset, Paris, Gallimard, 2016.

Le mot de la fin

Je tiens à remercier toutes les personnes qui se soumettent à ma plume et acceptent les transformations induites par l'écriture. Merci pour la confiance que vous me témoignez. Merci à toi, Lina. Merci à Mado, Célestine et Pauline.

Merci à Virginie, Lisa et toute l'équipe de Julliard pour le soin apporté à cet ouvrage.

Enfin, merci à Nico pour sa relecture et son soutien indéfectible.

Composition et mise en pages
Nord Compo à Villeneuve-d'Ascq

Cet ouvrage est imprimé sur du papier issu
de forêts gérées durablement.

CET OUVRAGE
A ÉTÉ ACHEVÉ D'IMPRIMER
SUR ROTO-PAGE
PAR L'IMPRIMERIE FLOCH
À MAYENNE EN JANVIER 2024

Dépôt légal : février 2024
N° d'édition : 66829/01 – N° d'impression : 103980
Imprimé en France